Vieillir en institution

Sexualité, maltraitance, transgression

La ***Chronique Sociale*** est à la fois un organisme de formation et de recherche et une maison d'édition. Fondée à Lyon en 1892, elle s'est préoccupée dès ses origines de sensibiliser aux évolutions de la société et de suggérer une organisation de la vie collective, plus solidaire et plus respectueuse des personnes.

Actuellement, les ***Éditions de la Chronique Sociale*** publient des ouvrages et des jeux pédagogiques qui contribuent à mettre en œuvre ces orientations. Issus de pratiques professionnelles et sociales, ils sont au service de tous ceux qui s'efforcent de mieux comprendre le monde.

Chacun pourra s'approprier ces outils et les utiliser, tant pour son développement personnel que pour une action collective efficace.

Pour plus d'informations :
www.chroniquesociale.com

Couverture : 3M2A

Responsable des Éditions : André Soutrenon

Correction : Jean Glorieux

Imprimeur : Nouvelle Imprimerie Laballery

Chronique Sociale, Lyon, Dépôt légal : février 2008

FSC

Achevé d'imprimer en février 2008
sur les presses de la Nouvelle Imprimerie Laballery – 58500 Clamecy
Dépôt légal : février 2008 – Numéro d'impression : 801165

IMPRIM'VERT

Imprimé en France

Nicolas Lépine

Vieillir en institution

Sexualité, maltraitance, transgression

Comprendre les personnes

Synthèse

Chronique Sociale
7, rue du Plat - 69002 Lyon
Tél. : 04 78 37 22 12

Vieillir en institution

Préface de Jacques Gaucher 7

Avant-propos 11

***Première partie :* La sexualité** 13

***Chapitre 1 :* Le concept de sexualité** 17

Le genre 18

Le sexual 19

Le sexuel 20

Exemple 20

Abord psychosomatique du concept de sexualité 22

Sexualité viscérale, sexualité psychique 22

Psychanalyse des origines de la vie sexuelle 23

Égarements carcéraux 26

La sublimation 26

***Chapitre 2 :* La question de la sexualité dans le grand âge** 31

L'expérience 31

Sexualité et normalité 32

La norme n'existe pas 32

Les limites de l'absence de normes 35

L'environnement 36

Génitalité et grand âge 38

***Chapitre 3 :* L'influence de l'institution sur la sexualité des personnes âgées** 41

L'assignation de genre dans l'institution gériatrique 41

La dynamique d'assignation 42

Désérotisation 43

Paradoxes de la relation de prendre soin 44

Le sexual dans l'institution gériatrique 48

Un exemple d'émergence du sexual 50

Autres dimensions imprégnées de l'importance du sexual dans le contexte de l'hébergement gérontologique 52
Le retour d'enfance 52
Le pansexualisme du soin 53
Le pacte dénégatif entre soignant et soigné 54
Les limites du pacte 56

Le sexuel dans l'institution gériatrique 58
Le complexe de castration 58
Défense et castration 59
Interdit et castration 59
Les limites de l'interdisciplinarité 60
Interdisciplinarité et hiérarchie 61
La valeur des conflits 63
L'emprise 64
Contradiction et contraire 66
La dimension érotique 67
L'exemple du massage 68
Pudeur et érotisme 70
L'intimité 74

De la notion de sexualité à celle de maltraitance 80

Points clés 81

***Deuxième partie :* La maltraitance 83**

Une définition officielle de la maltraitance 84
Classifications 86

***Chapitre 4 :* Avant de réfléchir à la maltraitance 91**

Amalgames 91
Ambiguïtés 91
Supports théoriques 93
Contexte 95
La bientraitance comme idéal 104

***Chapitre 5 :* Sexualité et maltraitance 107**

Activité et passivité 111
La féminisation du métier de soignant 111
La tendresse dans les soins 116

Chapitre 6 : **Sexualité et pouvoir en gériatrie** **127**
La question du pouvoir dans les institutions 127
Le pouvoir et la sexualité 128
Le discours sur la sexualité des vieillards, prétexte à la maltraitance ? 130
Petites et grandes morts 130
Le vieillard asexuel 132
L'impossible double contrainte 133
Volonté gérontologique 135
Points clés 141

Troisième partie : **L'impérative transgression** **143**

Chapitre 7 : **L'imperfection du soin** **145**
Les limites du « prendre soin » en institution d'hébergement gérontologique 145
Conditions pour un « prendre soin » suffisamment « bon » 146

Chapitre 8 : **Prométhée** **149**
Le mythe 149
Une interprétation du mythe 150

Chapitre 9 : **La transgression soignante** **153**
Limites 153
Spécificités 155
Motivations de la transgression 156
Transgression, institution et maltraitance 159
« Burn-out » 160
Une position à risque 162
Particularités de l'institution de soin 163
La question du domicile 164
Perspectives d'avenir 166
Points clés 168

Conclusion **169**

Bibliographie **171**

Préface

Nicolas Lépine s'engage dans une aventure en écrivant ce livre. Le sujet est toujours accompagné de ses tabous, rebelles et efficaces, interdisant le « parler vrai » sur cette question. Pourtant il en prend le risque et je l'en remercie. Je connais Nicolas Lépine depuis longtemps et apprécie sa démarche de pensée ainsi que l'éthique, le sérieux de sa recherche en appui sur une pratique clinicienne solide et confirmée.

La rigueur de son travail se source dans cette forme d'obsession à toujours poser des questions là même où l'évidence se glisse envahit et appauvrit l'objet de réflexion. Nicolas Lépine offre au lecteur la garantie d'un espace de pensée et de questionnement et n'hésite pas à provoquer pour cela. C'est la qualité fondamentale du chercheur qui **interroge l'évidence et introduit du débat dans les certitudes.** Nicolas Lépine bouscule la tranquillité et le confort de ce qui va de soi.

L'ouvrage présenté attire de nombreuses réflexions et commentaires et c'est ce qui lui donne toute sa dimension. Je n'aurai pas la prétention d'évaluer ce livre dont j'ai lu le manuscrit en profane, me laissant guider par le rythme des mots, les turbulences du questionnement et l'éclairage subtil des vignettes cliniques.

D'entrée de jeu, Nicolas Lépine met l'accent sur l'essentiel : l'âgé est-il un ange pour que l'on s'interroge sur son sexe ? Qu'est-ce qui fonde un questionnement à ce sujet ? Où sont l'intime et la pudeur dans cette « préoccupation moderne » concernant la sexualité des vieux et plus globalement quand le grand âge est là ?

Je retiens de ce travail **des réflexions** et **des perspectives théorico-cliniques** d'une très grande pertinence. En premier lieu, cette **question de l'intimité.** Nicolas Lépine la pose d'abord au sujet de la vie institutionnelle. Comment conserver, sauvegarder son intimité en établissement de soin quand on est soumis aux regards multiples et permanents de l'autre ? Mais cette question dépasse vite la conjoncture institutionnelle si l'on s'intéresse à la vie à domicile d'un âgé devenu quelque peu dépendant. En effet, les lieux de l'intime sont pénétrés par l' « étranger-soignant », par la famille, par la société qui fonde son aide à la personne sur les besoins les plus intimes de l'âgé : la toilette, l'habillage, le coucher, le sexuel... Non je vais trop loin ! C'est peut-être mon fantasme ! Et pourquoi ne serait-il pas celui de l'âgé et de ceux qui ont la délicatesse de l'aider ? C'est le cœur de la question à laquelle nous invite à réfléchir Nicolas Lépine. L'âgé a-t-il encore droit à son intimité ou devient-il un être purement social avant de devenir un objet de préoccupation ?

Ces moments d'aide à la toilette sont cruels, bien que nécessaires à la personne âgée. Ils sont le lieu et l'instant d'un corps à corps douloureux pour l'un comme pour l'autre : toucher, être touché, accepter ou subir, faire comme si... et ne pas pouvoir même parler de quoi que ce soit dans ces moments-là. La confrontation avec soi-même plus encore qu'avec l'autre est une épreuve difficile.

Être sollicité aussi profondément dans sa psyché, que l'on soit l'âgé ou l'aidant, est un creuset pour l'émotion et ses conséquences. Est-ce acceptable ? Tout cela pourquoi ? Et pour quoi ? Le but de l'opération s'obscurcit et n'est plus toujours accessible à la mentalisation... Alors peut émerger **la maltraitance.** Nicolas Lépine pose très bien cette problématique et cette manière dont il faut savoir sourire, voire rire et ériger en « mauvaises blagues », de ces affects encombrants qui n'étaient pas forcément attendus à cet endroit de la relation.

Du coup, le problème du sexuel est parfois, peut-être souvent même, traité dans sa seule dimension physiologique. Comme si, dépourvue d'affect, la question pouvait être abordée et résolue par les services d'une péripatéticienne de dix-huit ans.

Plus souvent encore, la manipulation de la parole, le détournement de la pensée constituent et nourrissent une perversité de la relation à la personne âgée. Nicolas Lépine décrit parfaitement bien le phénomène, en appui sur de *solides références théoriques* et sur une *clinique riche,* contrastée et très illustrative de la question. Le berceau de la maltraitance est constitué, insensiblement et involontairement. L'imperceptible est « écrit » dans le texte de la relation. Nous aurons beau « lessiver » le parchemin de cette relation réinventée au quotidien, l'effet « palimpseste » ressurgira et détournera la bienveillance et l'intentionnalité de la relation. À l'insu du soignant, les mécanismes de défense aidant, le déni, la dénégation (le pacte dénégatif dont parle beaucoup Nicolas Lépine) sont autant de productions psychiques défensives qui éloignent l'humain ou le transforment.

Dans ce contexte difficile, très difficile, comment faire ? Le *burn out syndrom* est vite au rendez-vous du quotidien. Fait de ces habitudes, accoutumances et automatismes « contre nature », cet épuisement de la vie psychique concerne le soignant, mais, d'une certaine manière aussi, l'âgé.

Nicolas Lépine nous emmène et nous accompagne dans **un parcours de réflexion, d'hypothèses et de recherche du sens** qui est le meilleur remède à la chose.

La rigueur de sa problématisation, la sensibilité de sa position clinicienne et sa volonté d'en découdre avec l'inadmissible constituent un contexte favorable à la pensée. Il s'agit d'une pensée à l'adresse de l'âgé mais aussi à l'adresse de soi-même. On ne ressort pas indemne de cette lecture, mais on en ressort grandi !

Je vous invite et vous incite à vivre ce merveilleux moment de rencontre avec une question sensible, forte, qui réhabilite l'humain de la relation comme le regard que l'on porte sur l'âgé. Cet ouvrage est un **plaidoyer pour la relation soignante.**

Pr J. Gaucher
Psychologue Clinicien
Professeur des Universités

Lexique

- **Burn-out :** épuisement, souvent collectif, dû au travail professionnel.
- **Cognitivo-mnésique :** intéressant à la fois l'acquisition de connaissances et l'altération de la mémoire.
- **Corporéité :** mythification du corps.
- **Défectologique :** relatif aux déficits et aux handicaps.
- **Dénégatif (pacte) :** consensus tacite exprimant un déni.
- **Éréthisme :** excitabilité d'un organe, exaltation d'une émotion.
- **Éthologie :** étude scientifique du comportement des espèces animales dans leur milieu naturel.
- **Fécalisation :** dégradation extrême d'un processus ou d'un concept (connotation péjorative).
- **Génitalité :** capacité des organes sexuels d'assurer la procréation.
- **Hypoxie :** insuffisance d'oxygène dans le sang (et anoxie : absence d'oxygène) ; par extension : défaut de vitalité, de dynamisme.
- **Motion :** dans ce contexte, pulsions.
- **Paradigme :** modèle de pensée faisant référence ; exemple : le développement durable.
- **Sexual :** propre à la sexualité infantile (et sexuel : propre à la sexualité adulte).
- **Sublimation :** dépassement généreux et valorisant d'une insatisfaction ; exemple : le culte de la Vierge.
- **Vicariance :** suppléance assurée par un organe à l'insuffisance d'une fonction.

Avant-propos

Le sujet de ce texte est le fruit d'une controverse.

Dans notre équipe de rééducation gérontologique, nous sommes quotidiennement confrontés à des situations extrêmes de survie, qui, souvent, se terminent dramatiquement.

Malgré cela, l'ambiance quotidienne, entre résidants et soignants est loin d'être morose.

Lors des séances collectives de kinésithérapie, dans notre grande salle de rééducation, les soignants et les clients ont souvent des discussions passionnées de type « café du commerce » sur toute sorte de sujets, concernant les actualités internationales, nationales, régionales, locales et le plus souvent… « micro locales » qui concernent la vie institutionnelle !!!

Dans cette tentative de refaire le monde chaque jour, la galéjade l'emporte souvent sur la profondeur du raisonnement, et la légèreté sur la gravité.

Il faut reconnaître que ceux qui donnent le « sel » à ces débats, sont les clients âgés, qui, par leur expérience de la vie, résument en général la conversation par des formules lapidaires qui ont souvent plus de profondeur qu'il n'y paraît.

Dans nos débats du matin, un sujet est omniprésent : la sexualité, parce que c'est le principal ressort comique de toutes les âneries que nous disons, et parce que, comme à tout âge de la vie, c'est une préoccupation essentielle pour des personnes qui vivent en communauté.

Pourtant s'il s'agit d'un sujet que l'on se complaît à traiter légèrement, ce n'est en rien un sujet futile.

Lorsque l'on parle de la sexualité des autres ou que l'on raconte des gaudrioles, le ton n'est jamais le même que lorsque l'on aborde des situations réelles ou que l'on se pose des questions concrètes, et cela quel que soit l'âge des interlocuteurs.

Si « presque » tout le monde se passionne pour les performances de Victor dans le feuilleton « Les feux de l'amour », personne ne souhaite que l'on se préoccupe, sur le même mode médiatique, de la gestion de sa vie intime.

En institution, et c'est là un premier pas vers la maltraitance, il est évident qu'**aucune intimité** n'est préservée pour les personnes âgées qui sont hébergées.

Le plus souvent cette donnée structurelle est totalement négligée, ce qui conduit souvent les soignants à se croire en position d'avoir des opinions ou des certitudes sur la sexualité de leurs clients.

Par exemple, plusieurs de nos collègues, par ailleurs irréprochables dans leur exercice professionnel, en arrivent à soutenir des thèses ambiguës comme celle qui prétend que l'intervention de prostituées en institution serait une nécessité, celle qui admet comme une évidence que, passé un certain âge, il n'y a plus d'enjeux liés à la sexualité dans un vieux couple...

Ces lieux communs parfois débattus avec les résidants n'ont bien sûr jamais emporté leur adhésion ; ils suscitent plutôt des moues dubitatives et surprises.

Notre inquiétude vient du fait que ces types de réponses hâtives et réductrices à des questions existentielles extrêmement complexes sont de plus en plus souvent martelés par les relais médiatiques, ce qui leurs donnent une légitimité bien peu étayée.

Pourtant nous sommes souvent à cours d'arguments accessibles et pragmatiques pour remettre de la complexité et de la richesse dans ce débat essentiel.

C'est ce qui nous a amené à tenter, en écrivant cet ouvrage, de **proposer une continuité entre les notions de sexualité et de maltraitance.**

Le projet n'est pas de présenter une superposition entre ces deux concepts, mais de tenter de montrer en quoi la réflexion sur la dimension sexuelle présente dans tous les rapports humains donne un éclairage intéressant sur la notion de maltraitance.

Cette perspective nous permettra de dégager quelques hypothèses originales en particulier concernant l'importance et les limites de la transgression des soignants dans l'institution gérontologique.

Nous n'avons aucune prétention d'exhaustivité sur les concepts développés.

Ce livre est à lire comme un aller-retour permanent entre une expérience quotidienne de terrain de soignant gérontologue et un corpus de référence principalement construit sur la psychologie clinique.

Nous avons eu la volonté d'**articuler** le plus étroitement possible **la réflexion et la pratique.** Pour ce faire, notre propos est illustré par de nombreuses situations cliniques. Même si certaines paraissent invraisemblables, toutes sont authentiques. Leur présentation a seulement été adaptée afin de préserver l'anonymat des protagonistes et des institutions dans lesquelles les faits se sont déroulés.

Enfin, le lecteur constatera un parti pris, celui de ne pas considérer d'un point de vue particulier les clients souffrant de troubles cognitifs. Si nous n'avons pas l'utopie de penser que la démence permet une vie institutionnelle similaire à celle des autres résidents, nous sommes par contre convaincus qu'aborder la totalité des enjeux relationnels uniquement à travers la déclinaison des déficits relève plus d'une stérile démarche de stigmatisation que d'une féconde tentative de compréhension !

Première partie

La sexualité

En quoi la question de la sexualité des personnes âgées est-elle mal traitée ?

Il existe de nombreuses publications et livres sur ce qu'il convient de faire et de penser pour mieux accompagner nos aînés au quotidien.

Ces publications n'échappent pas aux effets de mode, ce qui conduit à faire porter l'effort de recherche et la communication sur les sujets qui préoccupent nos contemporains.

Car chaque époque a une sensibilité et des interrogations particulières.

Actuellement, la question de la sexualité du grand âge est évoquée relativement souvent et sous un angle très particulier qu'il nous semble intéressant d'aborder.

Que le discours sur ce sujet provienne d'universitaires, de journalistes ou de praticiens, il est aujourd'hui politiquement correct, à propos de la sexualité des très vieilles personnes vivant en institution, de rappeler :

- *que le très grand âge ne condamne pas définitivement toute pratique sexuelle active ;*
- *que l'intérêt, voire l'attrait pour la génitalité persiste parfois jusqu'à un âge très avancé ;*
- *que la vie institutionnelle permet peu d'intimité et est généralement peu tolérante avec les manifestations d'érotisme des pensionnaires. (Sur ce dernier point il faut signaler que cette censure est pourtant le lot de l'ensemble des institutions. Le pensionnat, l'entreprise ou l'armée n'ont guère plus de tolérance pour l'affichage de la sexualité des personnes !)*

S'il est incontestable que ces trois remarques sont vraies, nous avons le sentiment qu'il existe actuellement un consensus pour les interpréter avec une tendance au jeunisme.

Par exemple, dans un article de The Australian, *signalé par Jean Philippe Tarot*[1]*, il est question de personnes âgées qui, excitées à l'excès, harcèleraient le personnel, conduisant le médecin à prendre les « choses en main » (?!!), pour organiser, à la demande des clients, une vacation de péripatéticienne dans le service, pour le bien et le bonheur de tous.*

Tout cela serait très sain et bien normal, du moins en Australie où se déroulent les faits !

L'aspect sordide de la prostitution (il y est question d'une professionnelle de 18 ans), la discutable prescription médicale d'activité sexuelle, ne sont jamais évoqués.

Pourrait-on se poser la question de savoir pourquoi, avec les vieux, le sexe-service prendrait valeur de soin ? Sous prétexte de droit à la sexualité, ne sommes-nous pas plutôt en face d'une énième opération de disqualification des personnes âgées ?

En allant plus loin, est-ce qu'affirmer que « l'extrême vieillissement ne condamne pas définitivement toute pratique sexuelle

1. Jean-Philippe Tarot © Senioractu.com 2004

« 09/12/2004 »

Australie : *Visites galantes pour les seniors dans les maisons de retraite*

Certaines maisons de retraite de l'État de Victoria, dans le sud-est de l'Australie, où la prostitution dans les maisons closes est légale depuis 1984, font parfois appel aux services de prostituées afin d'assouvir les pulsions sexuelles de certains résidents âgés, indiquait récemment un article du quotidien The Australian. Il semblerait que cette prostitution, interdite hors du contexte des maisons closes, reste encore peu courante, mais qu'elle existe malgré tout. Elle se pratique aussi bien dans les maisons de retraite publiques que privées. Certains établissements auraient même mis en place des salles réservées à cet effet. La responsable d'une maison de retraite de cet État précise que certains patients « excités », harcelant les infirmières, physiquement ou verbalement, sont conduits vers un médecin, qui éventuellement peut se charger « d'arranger les choses » avec une professionnelle du sexe. Toujours selon cette personne, la plupart des établissements accèderaient aux demandes de leurs résidents. Une prostituée de Melbourne, âgée de 18 ans, précise que les choses se déroulent de manière excessivement discrète. Suite aux indications fournies au préalable par l'infirmière en chef, elles rendent visite à leur client dans la journée sans que les autres résidents soient informés. La jeune femme ajoute que ces individus ont généralement perdu leur partenaire et qu'ils ne reçoivent aucune visite de leurs proches. Elle précise enfin, qu'ils ne font appel à ses services que quelques fois dans l'année par manque de moyens financiers. Avec l'accélération du vieillissement des populations, se pose la question de la sexualité des personnes âgées vivant dans les résidences. Ces individus ont une vie sexuelle. Différente, mais elle existe. « Ces personnes ont des droits, même si cela reste une question tabou, difficile et sensible » indique la responsable d'une association locale représentant la majorité du personnel soignant.

active », revient à dire que toutes les personnes âgées sont génitalement actives ?

Assurément non !

Est-ce que dire que : « l'intérêt, voire l'attrait pour la génitalité persiste parfois jusqu'à un âge très avancé », veut dire que toutes les personnes très âgées sont des obsédées perverses ?

Non plus bien sûr !

Cependant, il nous semble que la tendance actuelle à interpréter les informations dans ce sens est de plus en plus manifeste.

Nous sommes vraisemblablement en présence d'une ***manipulation de la parole*** *d'un type particulier, nommé par Breton « cadrage contraignant ». Cette technique consiste à obtenir de l'autre un consentement sur une opinion relativement neutre (ici l'approbation sur les remarques consensuelles), puis de s'appuyer sur cet acquiescement pour faire accepter de façon quasi-automatique une seconde affirmation qui implique l'interlocuteur à un tout autre niveau*[2]*.*

Bien entendu, il ne s'agit pas ici d'accuser telle ou telle personne de manipulation consciente ; il semble que l'on soit plutôt devant un symptôme de la tendance contemporaine à disqualifier sous le prétexte fallacieux de modernité les particularités du fonctionnement psychique du grand âge.

Depuis plus de vingt ans que nous exerçons auprès de personnes très âgées et très handicapées, nous en arrivons aujourd'hui à défendre l'idée que les enjeux liés à la sexualité sont primordiaux dans cette population. Par contre, il nous paraît évident qu'il est très difficile de parler de ce sujet dans un style journalistique en faisant l'économie de la profondeur de réflexion nécessaire.

La sexualité du très grand âge, dans le cadre particulier de l'institution, mérite un véritable travail de théorisation et de réflexion.

Si, de prime abord, la sexualité des personnes très âgées n'a pas de raison d'être pensée dans un cadre différent de celui de la sexualité adulte en général, il faut tout de même prendre garde de ne pas plaquer les modèles de sexualité uniquement

2. Philippe Breton, *La parole manipulée*, La Découverte, 2000.

génitale véhiculés par les stratégies marketing des publicitaires sur le fonctionnement psychique des personnes très âgées : Si le désir et l'accomplissement sexuel sont différents à 20 ans et à 40 ans, ils le sont probablement aussi à 60 ans et à 80 ans !

Chapitre I

Le concept de sexualité

Dans le langage commun, le mot sexualité est omniprésent et renvoie avec peu de nuances à la notion de génitalité. Pourtant le sexuel n'est pas plus réductible au génital que le psychisme ne l'est au conscient[3].

Notre première mise en garde consiste à veiller à **ne pas réduire la sexualité à la génitalité.**

La sexualité imprègne, à tous les âges, toutes les relations humaines.

Il y a bien une sexualité infantile, et le câlin du petit enfant à son papa et à sa maman, appartient à la sphère de la sexualité.

Toute démarche de formation, de service, d'échange se construit en référence plus ou moins directe au registre de la sexualité.

L'accès à une sexualité éminemment complexe est le propre de la race humaine : c'est ce qui la fait passer de l'état de nature à l'état de culture[4].

Mais l'empreinte de la sexualité (au sens large) ne suffit pas à tout expliquer.

Du fait de l'extrême fragilité somatique et de la nécessaire dépendance lors de la petite enfance, les processus d'autoconservation reposent avant tout sur leur infiltration par la question sexuelle.

Pour pouvoir trouver son identité et assurer sa survie psychique lors de la petite enfance, le petit d'homme a largement besoin de faire jouer et travailler en lui-même et dans son entourage la question de l'identité et de la différence des sexes.

Jean Laplanche parle de vicariance (de suppléance fonctionnelle d'une fonction par une autre) de l'autoconservation (des processus de survie), par des motions sexuelles, en général inconscientes, qui lui donnent cohérence et signification[5].

Toujours guidés par Jean Laplanche[6] voyons maintenant les concepts très différents auxquels renvoie la notion de sexualité.

3. Jean Laplanche, Jean Bernard Pontalis, *Vocabulaire de la psychanalyse*, PUF, 1967, p. 116.

4. Claude Levi-Strauss, *Les structures élémentaires de la parenté*, Mouton, 1967.

5. Jean Laplanche, *Nouveaux fondements pour la psychanalyse*, PUF, 1987, p. 66.

6. Jean Laplanche, Le genre, le sexe, le sexual, in *Sur la théorie de la séduction*, In Press, 2003, p. 68-103.

Le genre

S'il est relativement indépendant du sexe physiologique, il est très lié à la culture et à l'environnement psychosocial.

Cette notion va très loin, jusqu'au genre lexical (pourquoi UN bras et UNE jambe, pourquoi UNE brouette et UN balai ?...).

Il convient toutefois d'être prudent sur l'interdépendance qu'il y aurait entre la grammaire et les implications symboliques de ce binarisme masculin féminin.

Remarquons simplement que dans une culture où le masculin, grammaticalement et culturellement, l'emporte sur le féminin, il n'est pas anodin que pour parler des vieux, on préfère en général utiliser le terme « LA personne âgée ».

Le genre dépend largement de la structure environnementale. Le mécanisme par lequel le genre sexuel d'une personne est attribué est celui de l'assignation.

Même si ce processus a ses limites (le genre anatomique a aussi une importance majeure), il faut reconnaître que l'assignation fonctionne sous le primat de l'autre.

Nous verrons un peu plus loin que, concernant les établissements d'hébergement pour personnes âgées, la dynamique institutionnelle, déjà à ce premier niveau de différenciation, fonctionne sur un mode très ambigu !

> Georges, 90 ans, nous a avoué en riant qu'il n'aurait jamais cru qu'à son âge, et après près d'un siècle habillé en culotte ou en pantalon, on arriverait à lui faire porter une robe. Lorsqu'il nous a fait cette confidence, il se promenait en effet à la recherche de la salle de douche vêtu d'une grande chemise d'hôpital… unisexe !!!
>
> Henriette, très handicapée par ses graves problèmes de vue, passe souvent la main sur son menton poilu, gênée et n'osant plus demander d'être aidée pour se raser, de crainte qu'on ne lui réponde encore une fois « qu'il faut voir cela avec vos enfants, car le rasage des dames ne fait pas partie de notre travail » !

Le sexual

C'est un concept récent, proposé par Laplanche[7].

Sous ce vocable, on désigne la grande découverte de la psychanalyse qui est l'existence d'une sexualité infantile. Sexualité par définition radicalement différente de celle de l'adulte.

De façon un peu schématique, il est commode de considérer que l'enfant dès son plus jeune âge, et probablement avant même d'accéder au langage, est sensible et réceptif à une dimension séductrice inconsciente émanant de l'adulte. Par l'intermédiaire des gestes de nursing, par le maternage, toute une dimension sexuelle « parasite » la relation.

Boris Cyrulnik a d'ailleurs remarqué avec la méthodologie d'observation de l'éthologie que, « Dès la première toilette d'un bébé, vous constaterez que les mères ne saisissent pas leur bébé de la même façon selon qu'il s'agit d'un garçon ou d'une fille. On a même pu dresser des cartes, ou si l'on veut des atlas, figurant la fréquence du contact corporel entre la mère et l'enfant selon les parties du corps. On voit qu'un véritable façonnement sexuel de comportement du bébé se met tout de suite en place[8]. »

Imprégné de tous ces éléments qui ne sont pas assimilables à son degré de maturation physiologique et psychique, l'enfant doit, pour s'adapter et pour donner une dynamique positive à ces informations déstructurantes, **se les approprier.** C'est sur ce principe que se construit la sexualité infantile qui s'érige en opposition avec celle de l'adulte.

Le mécanisme fondamental de ce niveau de fonctionnement est l'interdit. Par exemple, la compréhension du fameux « pipi-caca » qui amuse tant les petits, doit intégrer l'interdit adulte qui pèse sur ces fonctions.

Le sexual se définirait par « ce qui est condamné... et suggéré par l'adulte » !

Dans ce registre la recherche de tension est permanente par opposition au niveau suivant dans lequel ce sont la décharge et l'apaisement des tensions qui sont recherchés.

Parvenu à l'âge adulte, lorsque la maturation gonadique est terminée et que nous sommes psychiquement assez solides pour envisager un accomplissement sexuel par l'intermédiaire de la **génitalité,** cette dimension infantile est en général refoulée, souvent même déniée.

Pourtant, cette composante de la sexualité, cette mise en tension, est néanmoins toujours présente non seulement dans les préliminaires de la génitalité, mais aussi dans des domaines de la vie sociale beaucoup moins évidents.

---

7. *Ibid.*

8. Boris Cyrulnik, *La naissance du sens*, Hachette, 1995, p. 87.

Lorsque l'on demande à Jean (92 ans) de venir manger, il devient soudain très sourd. Et même s'il n'a apparemment rien entendu, c'est bien souvent à ce moment qu'il prend l'ascenseur pour aller se promener dehors. Cela énerve en général les soignants chargés de servir et de faire manger les plus handicapés des pensionnaires. Mais, chose bizarre, Jean est d'autant plus sourd que les membres du personnel sont débordés. Il est étrange aussi de constater que cette mise en tension est d'autant plus manifeste avec les soignantes qu'avec leurs (rares) collègues masculins.

Le sexuel

Ce niveau est en rapport direct avec la reproduction sexuée. Le sexuel est avant tout duel, voire binaire. La différence des sexes est à ce niveau la différence de sexe.

Après la mise en tension sexuelle, largement héritée du sexual, les buts ultimes de l'organisation sexuelle sont la décharge et l'accomplissement (aboutissements psychosomatiques comme nous allons le voir), possible maintenant que la maturation des organes sexuels est suffisante.

Bien sûr ce concept est difficile à isoler sans se référer au sexual.

Lucien est atteint d'un syndrome cognitivo-mnésique majeur. Le matin, il est très opposant, voire agressif lorsque les aides soignantes le sollicitent pour faire sa toilette.

La seule solution qu'a trouvée l'équipe soignante est d'utiliser des conduites de diversion pour que sa toilette se fasse « à l'insu de son plein gré ».

Pourtant le passage dans le service d'un stagiaire homme a obligé à repenser les choses. En effet, Lucien qui, pourtant, ne conserve que peu de capacités d'élocution, a clairement dit à ce stagiaire son soulagement d'avoir un homme pour l'aider à faire sa toilette, et la gêne qu'il éprouve d'habitude à devoir se déshabiller devant des jeunes filles.

Exemple

Pour essayer de rendre un peu plus vivants ces concepts difficiles, prenons l'exemple d'une personne remarquable que nous avons eu la chance de rencontrer :

Marie est née en 1920 dans une famille de modestes cultivateurs. En 1939 son père et son frère partirent pour la guerre. Ils ne revinrent de captivité que six ans plus tard. Pendant cette absence Marie soigna les animaux, en vendit, en fit naître, laboura les champs, fit les récoltes.

Après une première période de sa vie au cours de laquelle elle avait été guidée vers un genre sexuel à l'époque très connoté sur le versant féminin (élégance, coquetterie, tâches ménagères...), les exigences de l'occupation l'assignèrent dans le genre sexuel masculin. Très fière d'être parvenue à cette « mutation », elle garda de cette période un goût prononcé pour la chasse et une véritable passion pour les engins agricoles.

Elle vécut toute sa vie avec ses parents et son frère, dans leur ferme située à cinq kilomètres de l'habitation la plus proche. Cette vie rude lui a forgé « un sacré caractère ». Lorsque Marie a décidé quelque chose, elle l'obtient, disent ses amies !

Elle a en effet une rare capacité à s'entêter (même lorsqu'il est évident qu'elle se trompe), à rester sur ses opinions, finissant par avoir gain de cause « à l'usure » !

C'est comme cela qu'elle a tenté, à la mort de ses parents, de s'endetter pour développer un élevage de porcs en plein air, contre l'avis de tous ses proches et malgré ses 70 ans largement dépassés. Cette entreprise qu'elle n'a jamais pu faire fructifier comme elle le souhaitait, elle a dû la vendre (avec tout de même une très correcte plus value !), *in extremis*, avant d'être mise en faillite.

Derrière cette mise en tension dangereuse des enjeux relationnels, il faut sentir l'empreinte du sexual, de la sexualité infantile.

Cette dimension a probablement aussi infiltré son activité de résistante pendant la guerre... Et le fait qu'elle ait toujours refusé la moindre décoration ou reconnaissance pour ses actes héroïques !

On peut s'interroger sur la dimension sexuelle proprement dite dans l'existence de Marie.

Elle est restée célibataire toute sa vie. Elle s'était fiancée en 1938 avec un voisin qui n'est malheureusement jamais revenu de la guerre.

Lorsque ses parents sont morts, elle a continué à habiter leur maison avec son frère, lui aussi resté célibataire. Je n'ai pas pu prendre d'autre homme, affirme-t-elle, mon frangin prenait déjà toute la place (!?)

Un des plus grands regrets de sa vie a été de ne pas avoir eu d'enfants ; elle adorait s'en occuper et a longtemps été la meilleure « assistante maternelle » de la commune, toujours disponible pour garder, faire goûter, raconter des histoires aux petits voisins ou amis que leurs mamans voulaient bien lui confier.

Au crépuscule de sa vie elle nous a raconté que, quelques semaines après le départ de son fiancé, elle s'était aperçue qu'elle attendait un bébé que sa maman lui avait conseillé de « faire passer ».

Sa vie sentimentale et sexuelle ultérieure fut tout entière construite sur le regret et la culpabilité liés à ce dramatique épisode.

Par cette description, encore une fois trop caricaturalement simplifiée pour refléter la complexité de chaque réalité individuelle, nous espérons permettre au lecteur de percevoir l'extrême importance et la difficulté qu'il y a à penser les enjeux liés à la sexualité de façon simple et schématique. Nous tentons aussi de démontrer combien la question de la sexualité est vaste. Essayons maintenant d'articuler cette première esquisse avec la question de l'unité psychosomatique.

Abord psychosomatique du concept de sexualité

Avant de nous intéresser à la spécificité de la question de la sexualité concernant les grands vieillards en institution, il nous paraît indispensable de compléter notre « survol » du concept de sexualité par quelques mots sur la dimension psychosomatique du phénomène.

Sexualité viscérale, sexualité psychique

Une des grandes différences entre la sexualité infantile et la sexualité adulte est, dans l'organisation de cette dernière, la capacité d'arriver à l'orgasme, décharge qui, en concernant l'ensemble de la motricité viscérale, permet une réduction somatopsychique des tensions.

On pourra nous rétorquer que la décharge orgastique est portée par un montage physiologique réflexe qui n'a besoin d'aucun appoint mental pour aboutir. C'est vrai chez l'animal, ça l'est beaucoup moins chez l'humain !

La sexualité humaine ne peut faire l'économie d'un étayage de la sexualité viscérale par la sexualité psychique. C'est assurément ce qui permet à « l'espèce humaine » de résister aux poussées instinctuelles, mais à l'inverse aussi, c'est ce qui l'autorise à des relations sexuelles et à des orgasmes hors de la fécondité et jusque dans la vieillesse[9].

Le montage réflexe génital ne peut donc être pensé sans référence à la question de la sexualité psychique qui elle-même ne se construit, comme nous

9. Christophe Dejours, *Le corps entre biologie et psychanalyse*, Payot, 1986, p. 140.

venons de le voir, que dans l'hyper-complexité de l'intrication entre le social (le genre), l'infantile (le sexual) et le sexué (le sexuel).

L'acte sexuel ne prend donc toute sa valeur psychique que dans la mesure où il correspond à un aboutissement, au point d'orgue, de l'organisation psychosomatique.

La définition, en 1970, du concept de « santé sexuelle », par l'OMS, ne dit pas autre chose :

> « la santé sexuelle est l'intégration des aspects somatiques, affectifs, intellectuels et sociaux de l'être sexué, pour parvenir à un enrichissement et à un épanouissement de la personnalité, de la communication et de l'amour[10]. »

Psychanalyse des origines de la vie sexuelle

Un psychanalyste de la première heure, Sandor Ferenczi, avait poussé un peu plus loin la théorisation sur la construction de la sexualité[11].

Selon lui, dans les premières étapes du développement de l'humain, les érotismes sont multiples et quasiment liés à tous les organes avec une priorité pour la bouche (oralité), le rectum (analité), le sexe.

La combinaison progressive de tous ces érotismes parcellaires en un érotisme global repose sur un processus complexe, très lié à la culture et aux aléas du développement de chaque personne.

En général, après une première étape, préalable important à la mise en place du jeu de séduction entre partenaires, intervient la dimension véritablement génitale de l'acte sexuel. Les préliminaires visent alors à estomper les frontières corporelles entre les deux partenaires tout en combinant leurs érotismes. Le plus souvent, le coït permet un accomplissement à la fois psychique et physique.

Mais ce scénario de référence peut être décliné à l'infini, selon le moment, les personnes, leurs histoires individuelles, leur histoire commune, leurs capacités physiques…

Loin d'être simple, l'acte sexuel est plutôt à penser du côté de l'hyper complexité que de la caricature. Ferenczi propose d'ailleurs un parallèle audacieux entre génitalité-sexualité et faim-appétit :

> « Je serai tenté de considérer la faim, par exemple, comme un instinct simple qui vise à faire cesser la sensation de déplaisir provoqué par la privation physique, et l'appétit comme son parallèle érotique ; car dans le

10. Philippe Brenot, Sexologie, in *Dictionnaire de la pensée médicale*, PUF, 2004, pp. 1031-1033.

11. Sandor Ferenczi, *Thalassa, psychanalyse des origines de la vie sexuelles*, Petite Bibliothèque Payot, 1923, pp. 47-152.

cas de l'appétit, cette petite privation jointe à l'assurance d'une satisfaction correspondante doit plutôt compter comme un plaisir préliminaire. Nous supposons donc que les organisations sexuelles, en particulier, les fonctions d'accouplement, se sont elles aussi constituées si ingénieusement que l'on peut à coup sûr compter sur la satisfaction[12]. »

Selon cette conception, ramener la vie sexuelle à la seule décharge orgastique est du même niveau de simplification que de réduire le plaisir de manger à la seule action des muscles masticatoires.

Dès maintenant on comprend le **danger** qu'il y a **à réduire la vie sexuelle à la seule satisfaction orgastique.** Cet écueil est souvent rencontré lorsque l'on tente d'aborder la question de la sexualité des personnes handicapées[13].

À notre avis, il s'agit d'un raccourci réducteur, prétexte pour disqualifier la vie psychique des personnes considérées.

En proposant de réduire la vie sexuelle de ces personnes à une sexualité viscérale, on les déprécie comme êtres singuliers désirants.

Par contre il serait illusoire de croire que chacun peut, dans n'importe quelle circonstance de sa vie, faire la part des choses entre *sexualité viscérale* (la faim) et *sexualité accomplie* (l'appétit).

Pour rester sur la métaphore alimentaire, lorsque l'on a trop faim peut-on se contenter de manger n'importe quoi pourvu que ce soit nourrissant ?

> Vincent vit dans un EHPAD depuis trois ans. Ancien gendarme, il a probablement toujours eu un comportement « ambigu » envers la gent féminine. D'ailleurs, dès les premières semaines qui ont suivi son arrivée en institution, les propositions crues et les regards déplacés de Vincent lui ont valu une solide réputation de « vieux cochon ».
>
> Sa femme vient lui rendre visite tous les après-midi et, envers elle, il se montre toujours d'une grande délicatesse.
>
> Depuis quelques temps, Vincent est de plus en plus explicite dans ses demandes envers le personnel. Il est surpris un jour en train de se masturber en regardant une résidante qui dormait. Il est aussi soupçonné par le personnel de profiter du syndrome cognitivo-mnésique évolué de certaines clientes pour tenter d'avoir avec elles des relations sexuelles.
>
> Par contre, lorsque l'on essaye de « mettre en mots » cette situation avec Vincent, celui-ci nie les faits et parle d'affabulations.

12. *Ibid.*, p. 107.

13. Yves Gineste, *La sexualité dans les institutions de soin, communication au congrès d'ergothérapie et de médecine physique de La Grande-Motte*, 2000, (http://www.cec-formation.net/)

À certains membres (masculins) de l'équipe qui lui proposaient de démarcher pour lui les services d'une prostituée (???), Vincent n'hésite pas à répondre qu'il ne faut pas le prendre pour ce qu'il n'est pas, en rappelant qu'il a été un militant pour la fermeture des maisons closes !

Il semble donc qu'en Vincent deux représentations de la sexualité cohabitent. Un versant « sociabilisé », probablement renforcé par une culpabilité, et un refoulement de l'autre tendance. Ce versant a vraisemblablement permis à ce monsieur d'avoir une « santé sexuelle » satisfaisante (telle que le préconise l'OMS) dans sa vie de couple.

Par contre Vincent semble aussi tenaillé par une faim sexuelle qu'il lui arrive de mettre en acte mais qu'il donne l'impression de ne pouvoir élaborer.

Dès lors, est-ce cohérent de donner à Vincent un substitut (prostitution) à sa faim ?

L'analogie avec la faim garde ici toute sa force.

Quand manger ne relève plus de l'épanouissement mais uniquement d'une réponse à la frustration, nous sommes dans les troubles du comportement alimentaire : anorexie et boulimie !

Prétendre que l'on peut les résoudre par des réponses simples du genre « demande satisfaction », revient à nier l'importance du désir.

Lacan, très justement, situe le désir dans l'écart entre le besoin et la demande[14].

En effet, le désir humain est complexe ; c'est pourquoi il est si difficile de l'inclure dans nos réflexions. Il exprime à la fois les besoins vitaux d'un organisme vivant et une demande de sens, de comprendre et d'être compris rationnellement.

Concernant la cohabitation des exigences physiques et de la raison sociale, la question de la sexualité est particulièrement compliquée, d'autant plus que le balisage de la réponse à cette énigme est sous tendue par un « principe d'humanité »[15] qui nous situe comme différents des animaux.

Les données de départ sont encore plus complexes en ce qui concerne les personnes âgées puisque, du fait du vieillissement, leur investissement corporel se doit d'être différent :

« Pour ces personnes, le seul moyen de retrouver confiance dans l'avenir, est d'appréhender l'aspect physique de leur personnalité avec, à la fois,

14. Jacques Lacan, *Ecrits*, Le Seuil, 1966.

15. Jean-Claude Guillebaud, *Le principe d'humanité*, Le Seuil, 2001.

plus de considération et plus de légèreté. Comme les sportifs, il leur est nécessaire de placer clairement la corporéité entre réalité intérieure et réalité extérieure. À la différence essentielle que pour les plus jeunes il s'agit d'une démarche culturelle, voire artistique, mais en tout cas proche du jeu, alors que pour nos aînés c'est une nécessité vitale[16]. »

Malgré les difficultés, les tentatives de compréhension des enjeux spécifiques de la question éminemment psychosomatique de la sexualité chez les personnes âgées ont un intérêt certain qui déborde le cadre strictement gérontologique :

« Il est incontestable que l'étude de l'extrême vieillissement, par l'intermédiaire des personnes très âgées est une opportunité pour avancer dans la compréhension des mécanismes psychosomatiques à tout âge[17]. »

Égarements carcéraux

Nous avons déjà pointé la répression de la sexualité comme caractéristique commune à la plupart des institutions (pensionnat, armée, prison...).

L'organisation gérontologique gagnerait à s'inspirer des résultats mis en évidence par une remarquable étude sociologique sur la sexualité en prison qui montre, à propos du concept de « parloir d'amour », aussi appelés « parloirs sexuels » ou « parloirs intimes ou familiaux », combien la réalité de telles structures est aléatoire et finalement ne répond pas vraiment aux attentes exprimés par les détenus.

L'un d'eux résume l'opinion générale des condamnés lorsqu'il dit :

« Moi je refuserais qu'il y ait des parloirs intimes à la prison. Ce n'est pas un lieu pour faire l'amour et rien que de penser que je fais l'amour à la prison, je ne pourrais pas faire l'amour. Ma femme mérite mieux que ça[18]. »

La sublimation

Une des grandes idées de Freud, a été de théoriser la « dérivation » de l'énergie psychique d'origine sexuelle vers des buts moins inavouables, plus

16. Nicolas Lépine, *Abord psychologique de la rétropulsion à début brutal chez la personne âgée*, Thèse de psychologie et de psychopathologie clinique, Université Lumière Lyon 2, 2002, p. 141 (http://demeter.univ-lyon2.fr:8080/sdx/theses/index.shtm).

17. Nicolas Lépine, Le grand âge, paradigme de la question psychosomatique, in *Neurologie, Psychiatrie, Gérontologie*, n° 30, Masson, 2005, p. 43.

18. Daniel Welzer-Lang, Lilian Mathieu, Michaël Faure, *Sexualités et violences en prison, Ces abus qu'on dit sexuels*, Aléas, 1996.

« convenables », ce « détournement d'intention » permettant un enrichissement de la pensée et facilitant le travail de création.

Il a nommé ce processus *sublimation*, et l'ouvrage[19] dans lequel il s'est le plus attardé à le décrire est paradoxalement plus proche d'une œuvre littéraire que d'un livre scientifique[20].

Ce dont il est question c'est du destin particulier de la curiosité insatiable de l'enfance en ce qui concerne l'énigme de la sexualité (la mise en tension caractéristique du sexual). Cette énergie peut :

- soit partager le sort de la sexualité, et sous la pression de l'environnement, être refoulée, entravant le libre exercice de l'intelligence ;
- soit être étouffée, mais rester assez puissante pour sexualiser à outrance la pensée en la bridant par son caractère obsessionnel ;
- soit se détourner de son but originel (la sexualité) pour nourrir sans contraintes ni inhibitions la pensée qui ainsi libérée permettra un épanouissement créateur, cette sublimation allant de pair avec un blocage de l'intellect sur la seule question de la sexualité !

Ce concept, qui a largement contribué au succès de la vulgarisation de la théorie psychanalytique, semble en fait refléter un processus très marginal, notamment parce qu'il repose sur l'hypothèse d'une énergie psychique d'une qualité particulière, parce que, dès l'origine, de nature purement sexuelle[21] (la libido).

Plus vraisemblablement, en ce qui concerne l'enrichissement de la pensée, cette notion de sublimation gagne à être mise en parallèle avec celle d'*étayage*.

Par exemple, un jeune étudiant se sent soutenu dans son effort pour étudier si ses conditions de vie s'améliorent lorsqu'il avance dans son cursus grâce à une allocation de recherche. Il se sent ainsi étayé par le système universitaire et cela renforce sa motivation.

Pourtant, pour mériter cette reconnaissance, il lui faut « réinventer » son domaine de recherche, construire un corpus de savoir original, éclairer les problématiques sous un jour nouveau, bref, aller puiser au fond de lui-même, de son originalité, de sa fragilité, de son intimité ; en somme mettre dans les ingrédients, tout en en restant dupe, un peu de son rapport à sa sexualité (au sens large, comme nous l'avons défini précédemment). C'est le processus de sublimation.

19. Sigmund Freud, *Un souvenir d'enfance de Léonard de Vinci*, traduction de l'allemand de Janine Altounian, André et Odile Bourguignon [*et al.*], Gallimard (1991), 1910.

20. Marthe Robert, *La révolution psychanalytique*, Payot, 1964, p. 308

21. Jean Laplanche, *Problématiques 3 : la sublimation*, PUF, 1980.

Nous serions en présence :

> « d'une sorte de tressage, dès l'origine, entre le non sexuel et cette source permanente du sexuel[22]. »

Cette « fascination » pour le processus de sublimation n'est pas spécifique à la gérontologie :

> « Les activités et les œuvres qui sont les fruits de la sublimation sont souvent appréciées, approuvées, récompensées, soutenues, par des institutions .../... Une sorte d'accord collectif, un tacite contrat narcissique semblent donner lieu à un accueil de principe positif aux produits de la sublimation et au travail psychique que demande l'oeuvre[23]. »

Certes, la sublimation reste possible jusque dans l'extrême vieillesse, mais concernant (aussi) cette population, il n'est pas indispensable de mettre l'accent sur la voie de décharge pulsionnelle la plus convenable parce que la moins clairement connotée sexuellement.

« On parle aujourd'hui (et on écrit aussi) de sublimation dans un sens toujours plus général et aspécifique pour indiquer tout mouvement d'élévation spirituelle ou de déplacement « spiritualisant » de ce qui est « en bas », vers le « haut » .../... Il faudrait, au contraire, ne pas utiliser la sublimation comme un passe-partout apte à toutes les explications, mais plutôt reconnaître en elle un mouvement psychique précis et partiel qui se combine avec d'autres aspects hétérogènes[24] ».

Il parait extrêmement difficile d'accepter que les vieux restent des adultes matures. Mettre l'accent sur la sublimation serait un refus implicite d'accepter que notre propre échelle de valeurs s'applique aussi au grand âge.

> Salvator, à la suite de graves problèmes de santé, avait dû se résoudre, il y a trois ans, à quitter son domicile pour aller vivre dans une maison de retraite. Resté très vif intellectuellement, et très sociable, il s'y ennuyait beaucoup ! Aussi, lorsqu'une jeune femme qui faisait un stage dans le cadre d'une formation d'animatrice, lui proposa un jour de venir s'essayer à l'aquarelle, il accepta avec enthousiasme.
>
> Cet ancien horloger se prit alors de passion pour le dessin et la peinture et dans un style naïf, mais extrêmement soigné il se mit à produire esquisses et tableaux à un rythme effréné. Il descendait peindre dès le lever du jour jusqu'à tard le soir, ne remontant dans le service que pour

22. *Ibid.*, p. 249.

23. Fausto Petrella, Sublimation : travail d'une métaphore freudienne, in *Revue Française de Psychanalyse*, n°4, tome LXII, PUF, 1998, p. 1182.

24. *Ibid.*, p. 1171.

les soins d'hygiènes et pour manger. Il lui arriva même de peindre jusqu'à cinq « œuvres » dans la même journée.

Mais son état de santé s'aggrava subitement, et, six mois plus tard, il fut contraint à quitter ce premier établissement pour aller vivre dans une structure plus médicalisée. Sa réputation « d'artiste » l'avait précédé, et lorsqu'il arriva dans son nouveau cadre de vie, une des premières choses que lui proposèrent les soignants fut de lui aménager un nouvel atelier. Mais Salvator refusa et refuse encore deux ans après de crayonner quoi que ce soit. Lorsque ses proches ou des amis lui rappellent cette période, il dit, parlant de l'équipe d'animation qui l'avait encouragé à peindre : « J'étais enragé, ils en ont profité ! ».

En consultant les notes écrites de cette équipe, on retrouve le commentaire suivant à la période pendant laquelle Salvator était le plus prolixe :

« un peu inquiet de l'attitude de M. (Salvator), nous avons eu cette après-midi une réunion avec le psychologue qui nous a rassuré en nous disant que sa fièvre de peindre relevait d'un processus psychologique banal appelé sublimation (!?) ».

Munis (ou étourdis) par toutes ces mises au point théoriques, arrivons en maintenant à notre préoccupation : la question sexuelle dans le grand âge.

La question de la sexualité dans le grand âge

C'est un sujet qui a rarement été traité avec le discernement et la prudence indispensables pour éviter les généralisations hâtives. Ce thème est souvent invoqué pour disqualifier (une fois de plus), le grand âge. Que penser, en effet, des déclarations d'éminents psychanalystes comme Henri Bianchi qui vont jusqu'à affirmer, en parlant des vieillards :

« Une grande partie de leur capacité de sublimation leur fait défaut, ils deviennent cyniques, méchants et avares ; autrement dit, leur libido régresse à des étapes pré-génitales du développement et prend souvent la forme franche de l'érotisme anal et urétral, de l'homosexualité, de l'exhibitionnisme, du voyeurisme et de l'onanisme[25]. »

Nous allons voir que ce type d'analyse simpliste et peu argumentée ne repose sur aucun fondement théorique et n'est corroborée par aucune observation minutieuse auprès de personnes très âgées.

L'expérience

Une première remarque s'impose. La très grande majorité des personnes hébergées en institution, si elles sont veuves ou séparées de leur partenaire (de corps, et en général pas de plein gré !), ont derrière elles une longue expérience de la vie de couple avec ses aléas, ses difficultés et ses bonheurs.

Elles ont pour la plupart une connaissance approfondie des réalités sociales, interpersonnelles et intrapersonnelles des problématiques sexuelles.

Elles sont, sur ce plan, en général, infiniment plus expérimentées que les jeunes gens pleins de certitudes chargés de prendre soin d'eux.

25. Henri Bianchi, « Psychodynamique du vieillissement », *in* J.-M. Leger, J.-P. Clement, J. Wertheimer, *Psychiatrie du sujet âgé*, Flammarion, 1999, p. 46-47.

Pour beaucoup de personnes âgées, mais pas pour toutes, l'histoire de leur vie de couple, remaniée par le travail de vieillir[26], représente un idéal magnifié par le temps qui passe, qui permet, à la fois, un refoulement des motions pulsionnelles somatiques et une sublimation suffisamment efficace et survalorisée par le milieu social pour faire croire à un état de vieillesse dans lequel la question sexuelle est « gelée ».

Certains parlent même de deuil de la génitalité[27].

> Albertine et Roger vivent dans la même institution d'hébergement pour personnes âgées depuis maintenant 5 ans. Ils sont mariés depuis 60 ans.
>
> Ils se « chamaillent » souvent mais restent, malgré leurs handicaps (surdité majeure pour l'un, syndrome cognitivo-mnésique pour l'autre), très complices.
>
> Ce qu'ils aiment par-dessus tout, c'est raconter aux jeunes stagiaires les détails de leur rencontre et les premières années de leur vie de couple. « On a pris du bon temps, et on a bien eu raison », disent-ils « mais maintenant on est trop vieux pour coucher ensemble et c'est bien mieux que nous ayons chacun notre lit ».

Sexualité et normalité

La norme n'existe pas

Concernant les personnes âgées comme pour tous les adultes, la normalité sexuelle n'existe pas. Il y a autant de diversité dans la sexualité des personnes qu'il y a de personnes !

Nous venons de voir que le terme de sexualité doit être entendu, non pas dans le sens qu'il a dans le langage courant, mais « en extension ». Ceci parce qu'il est faux et réducteur d'isoler la génitalité, non seulement de la sexualité infantile et de la question du genre, mais aussi des composantes ordinairement perverses de la sexualité.

En effet l'organisation psychique qui détermine les fondements de la personnalité chez l'humain repose sur le dépassement du fameux *complexe d'Œdipe* et sur ce que l'on appelle une « névrotisation » des enjeux psychiques. C'est-à-dire que de nombreux compromis, satisfactions ou désirs restent

26. Danièle Quinodoz, Le travail de vieillir, in *L'information psychiatrique N° 4, volume 70-4*, 1994, pp. 319-328.

27. Jean Marc Talpin, Catherine Hugonnet, Louis Ploton, Jacques Gaucher, Narcissisme et sexualité chez les personnes âgées, in *Gérontologie et société n°82*, 1997, pp. 139-145.

infiltrés par les questions fondamentales que pose le *complexe d'Œdipe,* en particulier celles de la différence des sexes et des générations.

Selon la théorie psychanalytique, en effet, il existe de façon universelle, dans toutes les cultures un ensemble **organisé** de désirs amoureux et hostiles de l'enfant envers ses parents. Classiquement, entre trois et cinq ans, l'enfant est amoureux du parent de sexe opposé, qu'il convoite sexuellement, alors qu'il perçoit celui de même sexe comme un rival et désire l'éliminer. Bien entendu ces projets pervers sont irréalistes du fait de leur ambivalence (il existe aussi à l'inverse une fascination pour le parent de même sexe et une haine pour l'autre) et aussi parce que le degré de maturation de l'enfant n'est pas à la hauteur.

Il faudra donc que l'enfant dépasse ce stade d'élaboration pour arriver à mieux saisir la complexité des enjeux. Il pourra alors avancer vers une compréhension plus fine des rapports entre humains.

La mise en place de ce premier schéma servira tout au long de la vie d'**axe de référence** à toutes les mises en scène des désirs humains.

Par exemple, (de façon trop schématique pour refléter la complexité de la réalité), le désir de possession du parent de sexe opposé suppose la suppression du parent rival de même sexe. Le dépassement de ce désir de meurtre se fera à l'inverse par une identification forte de l'enfant à son « concurrent ». Ce positionnement lui permet alors de se dégager de ce drame à trois (de la « triangulation oedipienne ») en lui donnant la possibilité de convoiter des « substituts de parents de sexe opposé »... mais de sa génération !

« La névrose est, pour ainsi dire, le négatif de la perversion » disait Freud[28].

Dans la relation sexuelle dite normale, cette attitude persiste donc, de façon tout à fait naturelle, en accompagnement ou en préliminaire, des manifestations mineures de ces tendances perverses[29].

Tendances perverses très variables selon la personnalité, l'histoire de vie et l'équilibre psychosomatique particuliers à chaque personne et à chaque rencontre de couple.

Il n'y a donc pas de possibilité de décrire une pratique sexuelle normale, que l'on soit jeune ou vieux. La plupart des sociétés tolèrent ainsi cette **diversité en défendant et en valorisant la dimension intime des pratiques sexuelles.**

Les choses sont bien sûr très complexes, car il est incontestable que le contexte institutionnel va souvent être beaucoup moins tolérant avec ses pensionnaires que ne l'est le vrai contexte social. Ceci parce que pour les rési-

28. Sigmund Freud, *Trois essais sur la théorie de la sexualité*, PUF, 1905, p. 80.

29. Jean Bergeret, *Psychologie pathologique*, Masson, 1972, p. 62.

dants, malheureusement, le seul embryon de tissu social qui perdure est celui qui est noué dans l'institution. C'est très regrettable, et en conséquence le personnel a souvent tendance à user et abuser de son pouvoir du seul fait qu'il ne le partage pas comme il le devrait avec d'autres.

> Albert est un jeune célibataire de 84 ans. Il n'a pendant son existence jamais vécu en couple plus de 6 mois. Il a, d'après ses dires, fait de nombreuses conquêtes féminines. Il affirme avec aplomb : « Si l'on mettait debout côte à côte toutes les femmes que j'ai eues, la file irait d'ici à mon village natal. » (distant de tout de même 10 km)
>
> Pendant les premiers mois de son arrivée en institution, Albert amusait beaucoup le personnel avec ses histoires de maris trompés (par lui) et autres anecdotes croustillantes.
>
> Un jour il est surpris par une aide-soignante assis à côté d'une pensionnaire (sans troubles cognitifs) qui avait la main dans le pantalon d'Albert.
>
> Dès lors, celui qui passait pour un sympathique « *has been* » prend une nouvelle dimension de dangereux pervers qu'il convient de calmer. Il devient en quelque sorte l'ennemi public n° 1 du service.
>
> Toutes les histoires qu'il racontait et que l'on écoutait avec délectation quelques mois plus tôt sont autant de prétextes pour souligner l'évidence de la « perversité » d'Albert !

En fait, cette tendance à condamner comme anormaux des comportements qui nous dérangent, correspond à un effort de **réassurance de l'observateur** devant l'inquiétante étrangeté de l'autre. C'est un mécanisme très classique :

> « C'est avantageux de raisonner en terme de dégénérescence, ça implique que moi, neurologue, je ne suis pas dégénéré parce que je suis diplômé. C'est réconfortant d'observer l'autre avec la notion d'immaturité, ça veut dire que moi, observateur, je suis un adulte mature...[30] »

Ce mécanisme d'aménagement défensif de la perception aboutit à la construction de représentations sociales. Ces représentations peuvent être comprises « comme une vision fonctionnelle du monde, qui permet à l'individu ou au groupe de donner un sens à ses conduites, et de comprendre la réalité, à travers son propre système de références, donc de s'y adapter, de s'y définir une place[31] ».

30. Boris Cyrulnik, *Les vilains petits canards*, Odile Jacob, 2001, p. 28.

31. Jean-Claude Abric, *Pratiques sociales et représentations*, sous la direction de J.-C. Abric, PUF, 1994, p.12.

Les limites de l'absence de normes

Par contre, comme dans les autres franges de la population, il existe chez les grands vieillards une toute petite proportion de personnes qui ont des pratiques sexuelles dérangeantes pour la société (exhibitionnisme, voyeurisme, harcèlement sexuel...).

A priori il n'y a aucune raison pour que ce type d'orientation sexuelle se modifie avec l'âge, mais il n'y a non plus aucune raison pour que la société, par l'intermédiaire de la norme morale, soit plus tolérante avec les vieillards qu'elle ne l'est avec les plus jeunes. La liberté de l'un finit là où commence la liberté de l'autre.

Doit-on tolérer le racolage en institution s'il ne l'est pas dans la société civile ?

Face à un grand-père qui a toujours été un pédophile, doit-on sous le prétexte de son grand âge, lui donner la possibilité d'abuser de jeunes garçons ?

Bien sûr, il est intolérable que tout soit prétexte à restriction et à répression des enjeux sexuels qui mettent toujours le personnel mal à l'aise. Mais le détournement qui consisterait à tout tolérer sous prétexte d'âge avancé relève du même mécanisme de disqualification que celui qui pousse à ne tolérer aucune déviance de la norme (norme qui encore une fois n'a pas de sens sur la question de la sexualité).

> Luc est d'un caractère renfrogné. Il est atteint d'une maladie évolutive grave qui nécessite des soins quotidiens. Un soir, il tente de violer une résidante handicapée mentale. Alertés par les hurlements de cette dernière, les soignants arrivent à temps pour la protéger.
>
> L'affaire est menée rondement par le directeur qui se contente d'admonester sévèrement Luc, affirmant aux infirmières choquées et décontenancées qu'il est plus raisonnable pour la tranquillité de chacun de ne pas prévenir la famille de la victime et de se contenter de surveiller attentivement l'agresseur.
>
> Le directeur précise, que, si une nouvelle affaire de ce genre se produisait, les soignants seraient considérés comme responsables.
>
> Face à la protestation de certains qui demandent qu'au minimum un signalement soit fait auprès de la gendarmerie, le patron se fâche, prétend que cette affaire ne regarde personne et pourrait nuire à la réputation de l'établissement. Il ajoute que les membres du personnel qui, à ce sujet, manqueraient à leur devoir de réserve seraient aussitôt mis à pied !

L'environnement

Nous répétons que par problématiques sexuelles nous n'entendons pas nous cantonner au strict registre de la génitalité. Nous incluons dans cette formulation les variations autour des assignations de genre, autour des manipulations d'interdits, et la maîtrise des différents aspects interpersonnels et sociaux des jeux de séduction.

Évidemment, l'imprégnation sociale influence de façon déterminante tous ces aspects et une des premières difficultés des personnes très âgées dans le contexte institutionnel sera la difficulté qu'auront les résidants à comprendre et à intégrer ces nouveaux marqueurs sociaux.

Par exemple, si la galanterie était un argument de séduction majeure il y a soixante ans, elle l'est beaucoup moins aujourd'hui. Un monsieur de 95 ans nous avouait il y a quelques temps combien il était étonné par les « écarts de langage et le peu de considération » (sic), parmi les soignants, des messieurs envers les jeunes femmes.

Dans le même registre, si les intérêts de leur jeunesse étaient finalement les mêmes que ceux des grands adolescents de ce nouveau millénaire, la façon qu'avaient les anciens de parler de leurs préoccupations était très différente, toute en nuances et allusions. Les nombreuses chansons égrillardes du siècle dernier, presque toujours à double sens, sont là pour nous montrer qu'en matière de sous-entendus ; elles n'avaient rien à envier aux sulfureuses publicités d'aujourd'hui.

Une chanson, chantée en 1933 par Fernandel, donne un bon exemple du ton de ces plaisanteries ; en voici un extrait :

Aventure galante

Dans un restaurant un matin
J'fis connaissance d'un p'tit trotin
À l'air mutin
Elle m'avait plu je le confesse
Parce qu'elle avait de très belles… dents
C'était tentant
Profitant d'un moment propice
Je glissais ma main sous la… table
D'un air aimable

Tout en ramassant ma serviette
J'lui fit un tout p'tit peu... la cour
Ce fut très court

Tandis que je m'réjouissais
Auprès d'moi la p'tite... demanda
Un autre plat

Puis elle me dit: - où c'est qu't'habites
Tu dois avoir une belle... demeure
Très supérieure

J'lui dis: j'ai même un grand balcon
Si tu veux m'ouvrir ton p'tit... cœur
Ce s'ra l'bonheur

Entendu, qu'elle m'fait, c'est promis
Puis qu't'as fini d'faire la... monnaie
Faut s'débiner

[...]

J. Manse - R. Dumas – 1932

Dans ce contexte, il n'est pas impossible, que certaines personnes, en particulier lorsque des déficits cognitifs perturbent leur travail « d'apprivoisement de la modernité », en arrivent à **se perdre entre les nouvelles et les anciennes conventions sociales.**

René, 90 ans passés, a la chance de n'avoir aucun trouble auditif ou visuel. Ce célibataire n'est pas très bavard mais très observateur. Lors des toilettes ou pendant les repas, les employées de ce service ont l'habitude de se raconter les bonnes blagues qu'elles ont entendues la veille à la radio. Souvent, ces histoires sont crues, voire vulgaires.

Mais René, qui n'en revient pas des « cochonneries » que racontent ouvertement les jeunes et jolies jeunes filles qui sont à son service, finit par se persuader que les mœurs ont vraiment changé depuis sa jeunesse, et que le libertinage est maintenant un mode de vie dominant.

Aussi lorsqu'une jeune stagiaire particulièrement à son goût lui a demandé s'il accepterait de devenir son patient pour une MSP (Ce qui veut dire: mise en situation professionnelle et non pas maladie sexuellement prise (sic) !), René s'est empressé d'accepter.

Toutefois pour bien vérifier l'invraisemblable chance qu'il semblait avoir, il s'est aventuré à raconter à « sa » stagiaire, quelques-unes des histoires drôles parmi les plus sordides dont il se souvenait. Sûr que lorsqu'il avait 20 ans, il ne se serait jamais permis de tenir de tels propos à une personne du sexe opposée par peur d'être considéré comme un dangereux pervers. Mais l'apprentie soignante, loin de s'offusquer, s'est contentée de rire de bon cœur à ses blagues et même d'aller les raconter à ses copines.

Dès lors René, persuadé qu'il avait à faire à une fille « facile » indubitablement tombée sous son charme, s'est cru autorisé à lui faire des propositions plus... explicites qui ont épouvanté l'élève, et toutes les soignantes du service !

René eu droit à de véhéments reproches de la part de la surveillante, et d'une promesse d'exclusion définitive ou d'hospitalisation en psychiatrie au moindre nouveau geste « déplacé ».

Génitalité et grand âge

Les travaux de référence concernant cet aspect de la sexualité sont ceux de Master et Johnson[32].

Ces derniers ont clairement démontré que ce que nous avons nommé « sexualité viscérale » est bien préservée dans le grand âge.

Ils affirment que, concernant les personnes très âgées, si elles sont placées dans des conditions physiques et émotives convenables :

> « L'homme garde assez fréquemment sa capacité sexuelle jusqu'à quatre-vingts ans et même au-delà. »
>
> « Quant à la sexualité féminine, elle ne connaît pas de limite d'âge. »

Pour autant, le raccourci consistant à réduire la sexualité des grands vieillards à sa dimension strictement viscérale mérite que l'on s'y arrête encore une fois.

Il est indéniable que dans la civilisation contemporaine d'hypercommunication, l'accent est largement mis sur la **composante génitale** pour évoquer la sexualité.

La référence implicite pour évoquer le bonheur est celle de jeunes gens d'une vingtaine d'années qui maîtrisent apparemment les leviers du pouvoir et de la puissance financière (vêtements, voitures, parfums...) et qui sont essentiellement préoccupés par leur capacité de séduction.

32. William Masters, Virginia Johnson, *Les réactions sexuelles*, Robert Laffont, 1977.

En y regardant de plus près, on remarque que l'instant magique, celui sur lequel l'accent est mis pour faire vendre le produit, est rarement celui où la relation est aboutie, où il y a apaisement après l'acte sexuel, mais celui de la **mise en tension,** lorsque le jeu de séduction va aboutir.

La question de la satisfaction orgastique est finalement suggérée mais rarement évoquée.

A contrario, concernant les personnes très âgées, il est clair que cet accent mis sur la satisfaction purement viscérale cherche, de façon plus ou moins implicite, à disqualifier la richesse et la diversité des possibilités de désir de cette population. Nous avons vu que l'on rencontre le même paradoxe lorsque l'on évoque la sexualité en milieu carcéral.

On est alors en face d'une conception vétérinaire et hormonale de la sexualité, une sorte de **droit à la décharge** qui résiste assez mal à la réalité telle que l'on peut l'observer.

> Jean-Luc a toujours eu un comportement provocant envers les soignantes. Il n'a jamais raté une occasion d'effleurer un sein ou de toucher les fesses de celles qui n'étaient pas suffisamment « prudentes ». Un jour, lors d'une visite médicale, le médecin en repoussant les draps pour l'examiner, s'aperçoit que Jean-Luc est en érection.
>
> Après avoir bafouillé quelques mots embarrassés, il retrouve les infirmières dans le couloir et leur dit : « Puisqu'il "bande", c'est qu'il a un vrai désir, organique ! Quel dommage que l'on ne puisse faire intervenir de prostituées dans l'établissement ! »

Nous avons vu que Master et Johnson précisent, concernant les possibilités sexuelles viscérales, qu'elles peuvent s'exprimer « si elles sont placées dans des conditions physiques et émotives convenables ». Toute la question est là !

Il est rare que l'on aille vivre en institution lorsque l'on est très âgé, par simple convenance personnelle. Il y a souvent, à l'origine du placement, le déficit, l'incapacité, et le désavantage social qui en résulte.

Ce qui pose problème c'est souvent la **question de la corporéité** avec son lot de handicaps, de douleurs et de doutes.

Lorsque la question de la santé psychique est au premier plan, les qualités de sérénité et d'équilibre émotionnel font souvent défaut.

Il est donc incontestable que, lorsque l'avancée en âge est très importante, le vieillard, n'a plus la même souplesse pour « habiter son corps ». Le soma, souvent par l'intermédiaire de déficits ou de douleurs, est alors omniprésent et nécessite un **réaménagement psychique** de chaque instant.

Bien évidemment, dans ce contexte, la libération des montages réflexes viscéraux et leur indispensable étayage psychique nécessitera en général plus de disponibilité et de remises en question que ce n'était nécessaire à vingt ans !

La dissolution et la condensation de la pensée latente caractéristiques de l'activité sexuelle sont généralement toujours possibles, même si elles sont peut-être moins radicales et moins contrastées que chez l'adulte jeune.

En tout cas, à tous les âges, et particulièrement pour les personnes très âgées vivant en institution, il est difficile de soutenir que l'accomplissement sexuel peut se résumer à la capacité d'avoir un orgasme.

C'est d'ailleurs ce que dit Jacques Waynberg en évoquant le tabou sur la sexualité des personnes âgées :

> « Le silence est rompu plus souvent qu'autrefois, certes, mais n'est-ce pas pour aboutir au renforcement du statut quasi fétichiste du coït ? Pratique universelle, le coït pose de toute évidence plus de problèmes qu'il n'offre de dédommagements. Toute la rhétorique populaire et scientifique qui ne prône coûte que coûte qu'un maintien des érections et une perméabilité vaginale comme idéal du couple âgé exerce en fin de compte une pression normative qui pénalise les célibataires, les maladroits et les malades[33]. »

33. Jacques Waynberg, Vieillir, sans cesser de jouir ? Des idées reçues à l'ingérence du pouvoir médical, in *Neurologie-Psychiatrie-Gériatrie n°31/Année 6/février 2006*, Masson, 2006, p. 16.

L'influence de l'institution sur la sexualité des personnes âgées

De façon un peu didactique (donc réductrice), nous allons suivre le même plan que lorsque nous avons « disséqué » le concept général de sexualité.

Nous nous proposons, dans ce qui va suivre, de faire une relecture des mécanismes d'assignation, puis de la place du sexual et enfin de celle du sexuel dans le contexte des institutions d'hébergement pour personnes âgées.

L'assignation de genre dans l'institution gériatrique

Nous avons vu que le genre sexuel est solidement lié au mécanisme qui préside à sa détermination : l'assignation, l'un et l'autre étant fortement corrélés au contexte psychosocial et aux valeurs qu'ils véhiculent.

Si cette dynamique prend toute son importance dans la petite et la moyenne enfance, elle existe tout au long de la vie. Il n'y a pas un genre sexuel fixé et sédimenté une fois pour toutes ! Chacun des événements, chaque période de la vie d'une personne sont imprégnés par ce mécanisme d'assignation.

Par exemple, le service militaire obligatoire a longtemps fait fonction de *marqueur de masculinité* « lorsque tu reviendras du service tu seras un homme ».

Dans le champ professionnel de nombreux mécanismes d'assignation de ce type sont observables ; par exemple dans le monde de l'entreprise moderne, et concernant les cadres, la virilité peut correspondre à la capacité que l'on a à sacrifier autrui. « Faire le sale boulot (licencier !), ce n'est pas pour les femmelettes ! »[34], ce qui peut conduire par un pervers effet de « banalisation du mal »[35] **à générer de la violence pour compenser la souffrance induite** par ce mécanisme d'assignation.

Ces dérives existent aussi dans les institutions de soin.

34. Christophe Dejours, *Souffrance en France*, Le Seuil, 1998, p. 100.

35. Hannah Arendt, *Eichmann à Jérusalem : rapport sur la banalité du mal*, trad. de l'anglais par Anne Guérin, Gallimard, 1991, 1963.

Jonathan termine la première année de ses études d'infirmier. Pendant l'été, il effectue un stage en maison de retraite. Il est enchanté du contact avec les pensionnaires qui lui racontent toutes sortes d'histoires qui le passionnent ! Sa naïveté agace les « anciennes » qui, peut-être un peu jalouses, lui reprochent de passer « un temps infini à écouter radoter les mamies (sic) ». Finalement, bien qu'il arrive en stage toujours en avance et parte parfois plusieurs heures après la fin de son poste, l'opinion de l'équipe le concernant est celle d'un rêveur sympathique mais peu efficace. À l'unanimité, par contre, les résidants le trouvent formidables. Mais ce ne sont pas les pensionnaires qui notent les stagiaires ! Le jour de l'examen devant valider son stage, Jonathan bafouille beaucoup et s'embrouille dans son organisation, très perturbé parce que l'un des résidants du service vient de mourir la nuit précédente. L'infirmière chargée de l'encadrer le « houspille » en lui précisant qu'il va lui falloir laisser de côté sa sensibilité pour devenir un « vrai homme », s'il veut un jour devenir un « vrai » infirmier !

La dynamique d'assignation

Dans les institutions d'hébergement pour personnes âgées, l'importance de cette dynamique d'assignation perdure aussi concernant les clients.

Quelle est la particularité de la dynamique gérontologique de ce point de vue ?

La tendance lourde va vers une tendance à faire des personnes âgées des êtres asexués.

Par exemple, comme dans le cas de Lucien (p. 22), nous sommes souvent confrontés à des messieurs ou à des dames qui, très pudiques, tolèrent mal la promiscuité imposée par les nécessaires soins d'hygiène prodigués par le personnel.

Il leur arrive, et cela concerne surtout les gens qui ont par bonheur rarement été confrontés à l'institution hospitalière au cours de leur vie, d'avouer être gênés lorsque c'est une personne de sexe opposé au leur qui est chargée de leur toilette intime.

En réponse à cette demande, il y a parfois des soignants délicats et subtils qui y consentent, soit en s'effaçant au profit d'un confrère ou d'une consœur, soit en acceptant de remplacer son ou sa collègue… mais c'est loin d'être la règle générale !

Le plus souvent la majorité des gens en blouses rient de cette délicatesse et la balayent sans vergogne.

Quant au pouvoir infirmier chargé d'organiser les soins et de répartir les tâches, il n'hésite jamais à se réfugier derrière des impératifs économiques soi-disant inopposables, pour regretter cet état de fait, sans oublier de préciser qu'il y a tout de même des choses plus graves !

Désérotisation

Le fonctionnement institutionnel oublie aussi, quasiment systématiquement, que la pudeur ne concerne pas uniquement l'exposition à des personnes de sexe opposé, mais que même avec une voisine de même sexe, il n'est pas très naturel de sentir le regard de l'autre se porter sur vous alors que vous avez les cuisses écartées par un coussin, que vous êtes couché sur le côté en train de vous faire frictionner énergiquement le sexe et les fesses !

Tous les adultes qui ont eu à faire avec ces banales pratiques hospitalières ont souvent un douloureux souvenir de cette **tendance à chosifier, à désérotiser les corps,** pour des motifs pratiques pas toujours justifiés.

Concernant les personnes très âgées, cette tendance est d'autant plus humiliante qu'ils appartiennent à une génération dans laquelle l'interdit de la nudité était beaucoup plus lourd qu'aujourd'hui. Faut-il rappeler que, dans les années 1940, se mettre torse nu pour un homme ou montrer ses genoux pour une dame, étaient des pratiques qui rimaient avec atteinte à la pudeur !

Concernant l'accoutrement vestimentaire, il a une fonction incontestable sur l'assignation du genre sexuel.

Dans l'habillage quotidien, il est très lié à l'époque… et à la personne ! (Le blue-jean universel n'a pas fonction de rendre le monde asexué, mais plutôt en moulant le corps, de faire ressortir les différences entre les plastiques féminine et masculine)

> Géraldine a travaillé toute sa vie dans le milieu de la mode. Issue d'un milieu modeste, elle a eu une ascension sociale fulgurante grâce à sa patience et à sa dextérité. À 30 ans elle était chef d'atelier dans une grande maison de couture parisienne réputée mondialement. Dotée d'une forte personnalité, elle a défendu toute sa vie une conception de la mode classique et raffinée. D'après elle, une femme en pantalon, c'est le comble de la vulgarité !
>
> Aujourd'hui très sourde et très diminuée physiquement, elle a de grosses difficultés pour communiquer. Peu d'employées sont au courant de son passé professionnel.
>
> Nous l'avons vu un jour pleurant silencieusement de rage et de désespoir parce que deux aides-soignantes, probablement distraites, lui avaient mis,

malgré ses protestations, un pantalon, parce que « c'est plus pratique pour tenir la couche ».

Germaine a 106 ans. Ancienne infirmière elle est toujours très lucide et vive d'esprit.

Les premiers jours que nous l'avons rencontrée, nous nous sommes étonnés de la voir habillée en pantalon. Elle nous a rabroués en nous rétorquant que c'était tout de même beaucoup plus pratique, que d'ailleurs elle avait été une des premières femmes à en porter et qu'elle ne mettait plus de jupes ni de robes depuis plus de quarante ans.

Sur cette question de l'uniformisation vestimentaire, il y aurait énormément à dire tant les exemples de désexualisation et de dés-érotisations sont nombreux. Nous n'en citerons que deux qui nous paraissent tristement exemplaires :

- l'utilisation de robes fendues de haut en bas dans le dos, ceci pour que, lorsqu'elle est assise, la personne ait les genoux recouverts (et les fesses parfois apparentes derrière l'accoudoir du fauteuil !). Robes « médicalisées » probablement très pratiques, mais qui disqualifient largement la personne lorsqu'elle déambule... et qu'à ce jour nous n'avons jamais vues portées par quelqu'un de plus jeune !
- la mise en place des systèmes de contention, parfois temporairement indispensables, qui sont en général des espèces de ceintures pelviennes attachées derrière le dossier, qui compriment fortement les organes génitaux des messieurs sans que cela n'émeuvent personne !

Paradoxes de la relation de prendre soin

D'autres éléments sont importants à prendre en compte pour bien saisir l'ambiguïté de ces phénomènes d'assignation dans le cadre institutionnel gérontologique.

La majorité du personnel de soin est constitué de femmes jeunes ayant souvent des enfants en bas âge. Beaucoup d'entre elles travaillent par besoin plus que par choix, ce qui ne les empêche pas d'être le plus souvent des professionnelles de qualité.

Mais les attentes de ces employées vis-à-vis des personnes âgées hébergées dont elles ont à prendre soin sont souvent très loin des demandes et des besoins des clients.

Elles ont une vie extra-professionnelle le plus souvent trépidante, ballottées entre les exigences de garde des enfants, les plannings alternants « matin-soir-nuit » peu compatibles avec une vie familiale sereine, une maison qu'il ne suffit pas de payer mais qu'il faut entretenir au quotidien (ménage, linge...) et un salaire leur permettant rarement de pouvoir employer d'autres personnes pour leur déléguer ces tâches.

Bien sûr, ces jeunes femmes ne sont pas plus à plaindre que celles qui travaillent dans d'autres secteurs d'activité, la seule différence est que lorsque l'on travaille avec des personnes très dépendantes et démunies, il y a nécessité d'avoir un minimum de disponibilité psychique aux attentes de l'autre.

> Nelly a une vie trépidante. Mère « célibataire » de trois enfants, elle est dans l'absolue nécessité matérielle de travailler. Heureusement, elle a trouvé du travail comme aide-soignante dans l'hôpital local situé dans la petite ville où elle habite.
>
> Elle se lève à 4 h 45, prépare les habits de ses enfants pour la journée, vérifie leur cartable, leur prépare leur petit-déjeuner, laisse un mot à l'aîné (10 ans) pour lui rappeler de ne pas oublier de dire à sa sœur de prendre ses affaires de sport et de donner son sirop contre la toux à son petit dernier.
>
> Nelly a ensuite juste le temps de faire sa toilette et de partir pour être à l'heure au travail à 6 heures Elle travaille actuellement sur un contrat à durée déterminée, et comme elle a absolument besoin de cet emploi, il est essentiel, pour qu'elle puisse être véritablement embauchée, qu'elle soit très ponctuelle. Ce n'est pas sans regrets qu'elle quitte la maison endormie après avoir mis, bien en évidence, les cartes de bus pour le ramassage scolaire.
>
> Dès les premières minutes de son arrivée dans le service de long séjour dans lequel elle est affectée, il lui faut répondre aux sonnettes des personnes âgées qui s'impatientent d'être aidées pour se lever et pour faire leurs toilettes.
>
> Nelly répond avec disponibilité et gentillesse malgré sa fatigue.
>
> Lorsqu'arrive enfin 8 h 30, les aides-soignantes ont droit à une pause de 20 minutes pendant laquelle elles prennent leur petit-déjeuner. Nelly en profite pour passer un coup de téléphone à la voisine chargée de superviser le départ de ses enfants, pour vérifier que tout va bien.
>
> Aujourd'hui Nelly travaille en coupé, c'est-à-dire qu'elle quitte son travail à 11 h pour revenir le soir de 17 h à 20 h.
>
> Lorsqu'elle arrive à la maison, elle commence par faire les lits de ses enfants, puis elle range la cuisine, fait un peu de ménage puis se prépare vite un frugal repas. Elle somnole ensuite une petite demi-heure devant

la télévision. Puis part faire des commissions, après avoir étendu le linge qu'elle avait mis à tourner dans la machine. Lorsqu'elle revient, à 15 h 30, il lui reste une demi-heure pour préparer le repas du soir et pour improviser un goûter pour ses enfants qu'elle va chercher à 16 h 30. Elle a juste le temps de les ramener à la maison, de séparer les deux derniers qui se chamaillent, de donner des consignes pour qu'ils fassent leurs devoirs...

Lorsqu'elle retourne dans le service, elle commence à être exténuée ! Après la tournée de change, le repas servi puis débarrassé, lorsqu'un pensionnaire angoissé n'en finit pas de lui répéter de ne pas le laisser, qu'il est trop seul, qu'elle est la seule à l'aimer, Nelly perd patience. Elle lui dit le plus calmement possible que maintenant, il est tard et qu'il faut dormir.

Il est 19h30 !

Le pensionnaire insiste, alors elle accepte de l'embrasser pour lui souhaiter bonne nuit. Elle hausse les épaules et tourne vite les talons lorsqu'elle s'entend dire qu'elle sent bon, et que c'est dommage qu'elle soit si jeune... Un vrai gosse, pense-t-elle, sans se rendre compte qu'elle vient d'embrasser pour la dernière fois Georges, le séducteur irrésistible du village dans les années 1950 !

Elle revient à la maison qui ressemble à un champ de bataille, les enfants sont vautrés devant la télé et regardent pour la énième fois la même cassette vidéo.

Elle range, baigne, fait faire les devoirs, couche les enfants, trie le courrier, paie les factures, s'installe avec sa table de repassage devant la télé. Puis à 23h00, tombe épuisée sur son lit pour recommencer le lendemain avec une journée du même type.

Du fait de leur difficile quotidien extra-professionnel, ces employées s'ouvrent avec difficulté aux attentes et particularités individuelles de chaque vieillard. Elles ont une tendance probable à systématiser et à « sur-organiser » leur pratique.

En ceci, elles sont en général encouragées par la direction des soins infirmier et la « mouvance qualité » actuelle qui, dans la réalité, n'a pas d'autre effet que de conduire à une fétichisation de l'écrit au détriment de la spontanéité.

À ce premier inconvénient s'ajoute souvent la propension qu'ont naturellement ces femmes à réagir face aux pensionnaires qui ne rentrent pas dans « le moule de leurs attentes », selon la même grille de lecture que lorsqu'elles sont désemparées en face de leurs enfants.

On peut trouver ce penchant sympathique et susceptible de faire émerger une tendresse et une complicité certaine dans le cadre de la relation de soin, mais spécifiquement sur la question de la sexualité, il est très déstructurant.

Le propre de la relation entre l'adulte et l'enfant est qu'elle est une relation de dupes. Nous avons vu que ce qui domine dans la construction de la sexualité infantile c'est l'interdit. Pour que l'enfant ait un « espace psychique » suffisant dans lequel il puisse mettre en sens ce qu'il intègre et assimile de la sexualité adulte, il y a nécessité que « le grand » présume de l'innocence de l'enfant (dans ce pacte tacite l'interdit prend valeur d'inter-dit).

Il est d'ailleurs très difficile aux êtres humains, une fois devenus adultes, d'admettre que leur sexualité n'a pas commencé à la puberté. La courte histoire de la psychanalyse nous montre que c'est sur la reconnaissance de la spécificité de la sexualité infantile[36], que cette discipline a eu le plus de mérite et de difficulté à avancer.

On imagine alors la difficulté pour les vieux, qui sont des adultes ayant souvent rencontré dans leur vie toutes les vicissitudes et les bonheurs d'une sexualité épanouie, lorsqu'ils se sentent à ce sujet « renvoyés dans les cordes » de façon implicite par les personnes chargées de prendre soin d'eux.

Du fait de la discordance de cette relation, les soignantes se sentent compétentes pour prendre en charge et juger, aussi, de la question sexuelle chez leurs clients.

Il ne faut pas négliger non plus le fait que ces jeunes soignants ont une dimension séductrice pour ces adultes âgés (hommes et femmes) et qu'ils en font apparemment complètement abstraction dans le rapport qu'ils ont avec les pensionnaires (en fait, il serait plus juste de dire qu'ils sont sur ce sujet dans un **mécanisme typique de dénégation,** c'est-à-dire qu'ils perçoivent le désir qu'ils suscitent chez l'autre âgé, mais qu'ils s'interdisent en revanche de voir dans le vieux un être désirant).

Ainsi un collaborateur nous disait il y a quelques mois :

> « Quand un petit enfant me touche les fesses, je n'y vois aucun mal, aucune malice. Quand une aide-soignante accepte la même chose avec un patient, il faut, à mon avis, se poser la question du statut du client dans la tête de l'aide-soignante, à ce moment du soin : est-ce un homme entier, sexualisé ? Ou a-t-il un autre statut, qui permet ces gestes sans que l'on se sente blessé par eux ? »

À la lumière de ce que nous venons d'exposer nous répondons que le statut du vieux « dans la tête de l'aide soignante » est celui d'un enfant !

36. Ilse Grubich-Simitis, Trauma ou pulsion – pulsion ou trauma, in *Sur la théorie de la séduction*, In Press, 2003, pp. 19-54.

La subtilité et la difficulté est encore plus grande car si, comme notre collaborateur, la plupart des gens ne voient pas de mal ni de malice dans l'attouchement du petit enfant, cela ne veut en aucun cas dire qu'il n'y a pas une dimension sexuelle dans ce geste !

Imaginons maintenant que nous, adultes « dans la force de l'âge », soyons dans une situation dans laquelle une personne de sexe opposée que nous trouvons très séduisante, s'occupe de nous, nous lave, nous borde et nous réconforte avec une sollicitude toute maternelle (ou toute parternelle !). Ne serait-il pas naturel alors de nous laisser faire tout en tentant de faire comprendre à l'autre que notre désir n'est pas qu'infantile et que nous sommes adultes et bien adultes !

Ce qu'il y a de compliqué et de presque pervers dans la situation institutionnelle c'est que les personnes âgées sont alors dans une extrême situation de dépendance et de fragilité par rapport aux soignants. Situation qui semble rendre légitime la dimension maternelle de la relation de soin, mais qui empêche alors à la personne âgée de réagir comme un adulte à cette assignation infantilisante.

Nous serions même tentés de parler « d'assignation angélique » en référence à la célèbre incertitude concernant le sexe des anges... mais aussi par allusion au nom d'un référentiel qualité très prisé dans les institutions gérontologiques et qui signifie (ce n'est pas une blague !) Application nationale pour guider une évaluation labellisée interne de la qualité pour les usagers de l'établissement (ANGELIQUE) !

Le sexual dans l'institution gériatrique

Le sexual, nous l'avons vu, renvoie à la sexualité infantile.

« Le sexual est multiple, polymorphe. Découverte fondamentale de Freud, il trouve son fondement dans le refoulement, l'inconscient, le fantasme[37]. »

Il est difficile pour des adultes d'évoquer ce concept à cause de la solidité des résistances mises en place à l'âge adulte pour refouler à tout prix les errances infantiles de chaque humain dans la construction de son identité sexuelle.

Ceci d'autant plus que la dimension infantile de la sexualité reste active en chacun de nous à tout âge.

En effet il faut reconnaître que la distinction formelle entre mise en tension du côté de l'enfant et décharge du côté de l'adulte, ne résiste pas réellement à l'épreuve de réalité. La plupart du temps, dans la sexualité adulte épanouie,

37. Jean Laplanche, Le genre, le sexe, le sexual, in *Sur la théorie de la séduction*, In Press, 2003, p. 68.

l'aboutissement orgastique ne prend sens que dans un contexte de **mise en tension** (de séduction) progressive et nécessaire.

Un grand personnage comme Georges Clémenceau, n'hésitait d'ailleurs pas à déclarer :

> « Le plus beau moment dans l'amour, c'est lorsque l'on monte l'escalier !!! »

Acceptons l'idée selon laquelle l'enfant arrive au monde immature du point de vue génital, mais prédisposé (et, nous l'avons vu incité inconsciemment par l'adulte) à s'intéresser à la sexualité.

La spécificité humaine est donc de nécessiter une construction psychique préalable à la génitalité pour pouvoir intégrer cette dernière dans la continuité entre enfance et vie adulte.

La maturité psychique doit anticiper la maturité physiologique !

La sexualité infantile se comprend comme étant la trame, les fondations sur lesquelles reposera l'équilibre sexuel ultérieur.

« La sexualité infantile est difficile à saisir encore en ceci qu'elle n'est susceptible ni d'une explication réductrice qui en ferait un fonctionnement physiologique, ni d'une interprétation par « en haut » qui prétendrait que Freud décrit sous le nom de sexualité infantile les avatars de la relation d'amour. Là où Freud la repère en psychanalyse, c'est toujours sous la forme du désir[38]. »

On pourrait aussi dire que l'infantile, c'est ce qu'il y a d'énigmatique et d'intime aussi bien pour la personne que pour son entourage dans la sexualité à tout âge.

Énigmatique et tabou : ce n'est pas par hasard si l'ouvrage de Freud qui a suscité le plus de résistance et de répulsion[39] a été justement celui qui traitait de la sexualité infantile, en 1905, dans les « Trois essais sur la théorie de la sexualité ».

La véritable difficulté consiste à isoler ce qui dans la sexualité en général, relève de l'infantile, étant entendu, encore une fois, que le sexuel infantile hante tout autant l'enfance que la vie adulte[40].

Dans le grand âge, le sexual prend une place tout à fait remarquable, souvent à l'origine de l'ambivalence apparente de certaines conduites :

> « On observe en effet chez beaucoup de personnes âgées, la peur d'exprimer la réalité sexuelle encore présente en elles …/… Elles tiennent des discours abusivement dévalorisants et moralisateurs sur les personnes

38. Jean Laplanche, Jean Bernard Pontalis, *Vocabulaire de la psychanalyse*, PUF, 1967, p. 447.

39. Marthe Robert, *La révolution psychanalytique*, Payot, 1964, p. 213.

40. Dominique Scarfone, Sexuel et actuel, in *Sexualité infantile et attachement*, PUF, 2000, p. 151.

âgées encore actives sexuellement. L'on retrouve là des désapprobations sévères qui rappèlent fort celles qui sanctionnent des manifestations sexuelles de l'enfant[41]. »

Un exemple d'émergence du sexual

Pour montrer un exemple d'émergence du sexual, nous allons aborder une préoccupation très fréquente chez les soignants... et chez les soignés : *le transit intestinal des clients.*

Selon la théorie psychanalytique, le stade anal, dans le développement psychique, correspond, entre deux et quatre ans, à la deuxième réorganisation de l'énergie psychique (après le stade oral et avant le stade phallique).

Dans les réorganisations suivantes, une trace de ce schéma de compréhension du monde persiste, surtout pour affronter des problématiques similaires à celles que la personne a rencontrées à cet âge précoce.

Car ce stade anal correspond au moment auquel l'enfant prend conscience de son pouvoir sur le monde extérieur et de la valeur de la fonction symbolique.

L'image de l'enfant sur son pot qui assujettit son entourage, impatient de le voir propre, à « son bon plaisir » est très classique.

À ce moment, les selles prennent une valeur symbolique d'échange qui sera pour toute la vie le prototype de la relation de troc.

Le savoir psychanalytique ne doute plus de la réalité de l'investissement ultérieur de l'argent comme substitut de cette première « matière ». Et nombre d'expressions et de blagues montrent que la « matière première » reste toujours d'actualité... à tout âge !

Cela est vrai pour les personnes âgées mais cela est vrai pour les soignants aussi.

L'obnubilation, très fréquente de part et d'autre (soignant et soigné) à rester centrés sur ce sujet, témoigne, en fait et surtout, d'un retour au premier plan de cette **question de pouvoir.** C'est parce que, malheureusement, dans les institutions l'enjeu principal est souvent de répondre à la question « Qui a le pouvoir ? » que l'on assiste à cette tension permanente sur ce thème.

Bien sûr, on peut trouver des tas d'explications rationnelles purement physiologiques : ralentissement du transit, manque d'activité... qui sont vraies et légitimes, mais qui ne suffisent pas à expliquer la « passion » autour de ce sujet pas anodin du tout.

41. René Laforestrie, *Aimer jusqu'au bout de la vie*, Hommes et perspectives, 1992, p. 55.

Nous avons le souvenir d'une équipe soignante qui faisait une relève particulière chaque semaine uniquement sur ce sujet ! ... et qui avait eu beaucoup de peine à entendre que derrière cet acharnement à contrôler le transit il y avait aussi, peut être, une dimension inconsciente qui avait une valeur autre qu'hygiéniste.

Pendant l'enfance, en même temps que s'installe ce jeu de pouvoir autour de l'analité, se mettent en place les fondements de **l'équilibre** de chaque personne entre **passivité et activité,** qui serviront de trame à la structuration ultérieure de l'organisation de la sexualité adulte.

Il ne faut donc pas s'étonner que la remise en cause des fondations de cet aménagement s'accompagne, de part et d'autre, de **l'émergence d'une symptomatologie défensive et réactionnelle** très imprégnée de sado-masochisme !

Il est très fréquent, dans les institutions gérontologiques, que le prétexte du corps soit utilisé par soignants et soignés comme support de représentation à de nombreux arguments inavouables.

C'est probablement par un mécanisme un peu similaire, mais utilisé de façon inverse que, l'énigme de la sexualité est si souvent ramenée de façon triviale à une simple nécessité de fonctionnement d'organes.

> Jean-Baptiste, après la mort de sa femme, a été contraint à aller vivre en institution. Depuis, il est plus que préoccupé par son transit intestinal ! À chaque instant, il sonne pour aller aux toilettes.
>
> Il est étonnant de constater que ses demandes récurrentes ne concernent pas tous les soignants. En fait, ce sont ceux qui sont le plus agacés par ce comportement qui sont le plus sollicités.
>
> Ceux qui sont les plus compréhensifs et qui répondent quasiment systématiquement à ses demandes ne sont pratiquement plus appelés.
>
> Par contre, ceux qui rechignent à répondre à la sonnerie, ou qui passent la tête par la porte pour dire qu'ils reviennent, voire ceux qui le réprimandent et débranchent la sonnette sont littéralement harcelés par les cris et appels de Jean-Baptiste.
>
> Nous sommes bien renvoyés à ce parallèle entre transit et pouvoir, entre activité et passivité.
>
> Face aux soignants qui lui accordent un pouvoir sur l'environnement (et donc sur eux), Jean-Baptiste semble tester la réalité de sa maîtrise, mais une fois rassuré, n'en abuse pas.

> Par contre face à ceux qui lui refusent toute possibilité de décision (symbolique pour lui de sa possibilité d'exister), il entre dans un engrenage mortifère de provocation masochique[42].

Dans le milieu du soin gérontologique, cette dialectique entre passivité et activité emprunte les termes d'autonomie et de dépendance.

La dépendance n'est en effet pas spécifique du grand âge : nous sommes tous dépendants (de notre conjoint, de notre patron, de la société, de notre voiture…). La dépendance est le degré de passivité auquel nous sommes contraints.

Quant à *l'autonomie,* c'est la capacité que nous avons à gérer nos dépendances ; la contrepartie active de notre passivité, en somme !

Ces termes sont plus que galvaudés dans le milieu institutionnel, au point que, même en ce qui concerne la tarification en établissement, un tiers de la somme est dévolue uniquement au financement de la « dépendance ».

Il est remarquable, aussi, de constater que le terme de handicap, qui se situe un peu en marge de cette dichotomie activité-passivité, a complètement disparu du vocabulaire gérontologique !

Autres dimensions imprégnées de l'importance du sexual dans le contexte de l'hébergement gérontologique

Avant de quitter cette question du sexual, nous voudrions insister un peu sur son importance dans le prendre soin gérontologique.

Le retour d'enfance

Rappelons que les personnes âgées qui sont contraintes à aller vivre en institution sont des personnes qui évoluent aux frontières de la vie.

Il est alors normal que les mécanismes par lesquels elles essaient de se protéger soient des dispositifs que l'on pourrait qualifier de « survie ».

Par exemple, lorsque la personne âgée en perte de repère, soit à cause de troubles cognitifs, soit parce qu'elle perçoit que son socle somatique s'effondre, appelle son papa ou sa maman, il est très réducteur d'invoquer alors un processus de retour en enfance.

Nous avons le souvenir d'un très vieux client qui nous avait raconté que lorsque les premières bombes étaient tombées sur son régiment, lors de l'af-

42. Louis Ploton & coll, La provocation masochique chez lez personnes âgées dépendantes, in *Vieillards martyrs, vieillards tirelires*, sous la direction de C. De Saussure, Chêne bourg, Médecine et Hygiène, 1999, pp. 69-76.

freuse bataille de Verdun, en 1916, lui et tous ses camarades appelaient leurs papas et leurs mamans !

Il est donc probablement plus juste de parler, comme le fait Cyrulnik pour évoquer ces pseudo-régressions, de « retour d'enfance » plus que de « retour en enfance »[43].

Nous avons aussi vu que le sexual (la sexualité infantile) était majoritairement inconscient.

Ainsi, *par exemple,* lorsqu'une dame porteuse de protection est souillée et demande à être changée, il lui est difficile, et cela quel que soit son état cognitif, de faire abstraction de la particularité relationnelle de la situation.

Dans le meilleur des cas, elle arrivera à en rire avec la soignante.

Dans le pire des cas, elle va percevoir dans l'empressement, dans l'exagération méticuleuse de la technique ou dans la maladresse des gestes de l'aide-soignante, une tension, un reproche, qui lui paraîtront d'autant plus blessants qu'elle aura perçu que dans la situation inverse (elle, en train d'essuyer les fesses de l'aide-soignante), elle aurait eu la même répulsion refoulée.

Des deux côtés, soignants et soignés, il y a une entente tacite pour être **sourds à la dimension infantilisante et maternante de l'instant.**

Ces gestes de soin du quotidien, toujours présentés comme anodins et sans conséquences psychiques, méritent toute notre attention.

Il est nécessaire de se poser la question de la vraisemblance d'une totale désérotisation du corps dès lors que l'on est dans le contexte du soin.

Le pansexualisme du soin

Dans une autre situation que celle de la toilette intime prodiguée par autrui, dans une expérience très différente mais, elle aussi à la limite de la convenance, de la conscience : dans le travail psychanalytique, Jean Laplanche souligne que le sexuel a tendance, comme un filet, à reprendre à son compte l'ensemble des relations interhumaines : c'est ce qu'il a nommé le pansexualisme en acte[44].

Il semble que, du côté des personnes qui « subissent » les soins, il y ait nécessité, pour pouvoir donner du sens à la situation, de la considérer, aussi, sur le **registre de l'érotisme,** et cela quel que soit l'âge de la personne soignée.

La représentation sociale très érotisée du métier d'infirmière a beaucoup à voir avec ce processus.

43. Boris Cyrulnik, *Les nourritures affectives*, Odile Jacob, 2000.

44. Jean Laplanche, Sexualité et attachement dans la métapsychologie, in *Sexualité infantile et attachement*, PUF, 2000, p. 82.

D'ailleurs, lorsque l'on étudie la question avec plus d'acuité, on s'aperçoit que de nombreuses manifestations (érections lors des toilettes par exemple) rappellent aux intervenants qu'il ne suffit pas d'enfiler une blouse blanche pour devenir sexuellement neutres. Nous y reviendrons. Pour le moment soulignons simplement que dénier ce pansexualisme en acte avec les personnes âgées n'est pas sans conséquences.

Il nous paraît évident que sur le même mode de fonctionnement, les vieillards qui ont besoin de soignants pour les actes de la vie quotidienne (qu'ils n'avaient jamais imaginé ne plus pouvoir faire seuls lorsque le handicap n'avait pas encore fait irruption), tendent à teinter toutes leurs demandes et leurs besoins d'une tonalité infantile.

Et cette empreinte d'enfance est particulièrement marquée du côté sexuel. En particulier dans des moments où le corps est dénudé et où il y a une proximité corporelle si forte entre les acteurs, que dans un autre contexte que celui du soin, la dimension sexuelle aurait été omniprésente.

Le pacte dénégatif entre soignant et soigné

Dans le prendre soin, donc, il y a une espèce de tacite unanimité du côté des soignants pour considérer que tous ceux qui voient de l'érotisme dans les gestes d'hygiène et de soin de la vie quotidienne sont des vicieux.

La représentation sociale majoritaire chez les soignants fait des vieillards des gens non seulement impuissants mais aussi sans désirs.

En apparence, cette conception est partagée par les soignés qui ainsi tentent de faire abstraction de la violence latente de certaines infractions à la pudeur.

Nous sommes donc en présence d'un véritable **pacte dénégatif** de tous les protagonistes **autour de la question de la dimension érotique du soin.**

Rappelons-nous que lorsque Freud a parlé des enfants comme des « pervers polymorphes », il a, de la même façon, suscité une levée de boucliers des « bien pensants » exemplaire et quasiment unanimes.

Aurons-nous les mêmes réactions en présentant nos aînés, non pas comme des pervers polymorphes, mais simplement comme des adultes ?

Nous avons déjà dit que le rapport entre l'adulte nécessairement séducteur et l'enfant soi-disant innocent était une relation de dupe. Ceci étant impératif pour permettre une maturation psychologique précédant la maturité sexuelle physiologique. Si l'allusion est, dans l'enfance indispensable, l'infraction par contre est redoutable.

Il nous semble que dans les institutions de soin pour personnes très âgées, il y ait un **redoutable malentendu** entre les soignants et les clients sur la composante sexuelle de la relation, comme si les employées percevaient comme nécessaire de mimer et de se mimer à elles-mêmes une attitude de déni de la sexualité potentielle de leur client.

Il y a une dimension sexuellement infantilisante dans le prendre soin gérontologique qui a tendance à réactiver la mise en tension caractéristique de la sexualité infantile, du sexual.

Par exemple, un enfant qui perçoit la gène d'un de ses parents, lorsqu'il se touche les organes génitaux, continuera à le faire ostensiblement tant que la réaction parentale (mise en mots) n'aura pas été suffisante pour le convaincre que cette activité relève de son intimité.

De la même manière, un monsieur âgé qui éprouve une sympathie et une attirance forte pour une employée particulière peut en arriver à avoir des comportements ou des gestes très déplacés, simplement parce que cette jeune fille, persuadée d'avoir à faire à une espèce d'icône asexuée, aura eu envers lui un comportement équivoque qu'elle ne se serait pas autorisée avec un autre homme plus jeune !

> Adeline était très attachée à ses grands-parents qui l'avaient élevée.
>
> La mort de son grand-père, puis quelques mois après de sa grand-mère ont été pour elle un important traumatisme.
>
> Lors d'un groupe de parole, elle s'interroge sur la valeur « cicatrisante » de cette blessure qu'a prise son engagement professionnel de soignante en gériatrie.
>
> Derrière le sourire et la présence de ses clients, elle dit avoir un peu l'impression de retrouver ses grands parents.
>
> Elle était aussi restée très proche des amis de ses aïeux, et en particulier du meilleur ami de son « papy », qui avait le même âge que lui.
>
> « Était » parce que, nous dit-elle, une histoire épouvantable l'a conduite à renoncer à tout contact avec ce monsieur.
>
> Quelques mois après les décès, ce dernier lui avait proposé de l'accompagner à une partie de pêche. Elle avait l'habitude de telles sorties avec son grand-père et son copain, et a donc accepté avec enthousiasme.
>
> Le matin venu, ils sont partis tous les deux à vélo ; elle était partagée entre la douleur du souvenir de leurs escapades à trois et le plaisir d'être en compagnie d'une sorte de substitut de grand-père.
>
> Mais, il est des mots, des attitudes que l'on peut se permettre d'avoir en famille et qui prennent un sens très différent en dehors de ce contexte.
>
> Ainsi, une fois arrivée au bord de l'eau, puisqu'il faisait chaud, il lui avait paru naturel de se déshabiller pour profiter du soleil.

Le copain du grand-père, lui, s'est soudain vu seul avec une jeune et jolie jeune fille que d'un seul coup il a trouvée très avenante.

Il a alors tenté de lui « sauter dessus » !

Adeline, épouvantée, s'est sauvée à toute allure !

En entendant ce récit, toutes les participantes (soignantes) du groupe de parole, se sont écriées « Quelle honte, quel vieux cochon...! ».

Il a fallu de longues heures d'élaboration avant que, sans excuser l'agresseur, toutes ces jeunes femmes finissent par reconnaître que la situation était plus ambiguë qu'en apparence. Adeline a reconnu que si la même situation s'était produite avec un adulte jeune, elle n'aurait jamais osé se dévêtir de la sorte... de peine d'être prise pour une aguicheuse... ce qui s'est produit avec le vieil ami du grand-père !

En fait le hiatus est venu du double postulat sur lesquels s'était fourvoyée Adeline. Premièrement, le copain n'était pas le grand-père ni son substitut. Deuxièmement, ce n'est pas parce que l'on est vieux que l'on est forcément impuissant et insensible aux charmes (dévoilés) d'une jolie jeune fille.

Le fait est que prendre soin d'un adulte n'est pas la même chose que de langer un bébé. D'ailleurs le geste de langer un bébé n'a probablement rien d'anodin dans le champ de la sexualité.

Les limites du pacte

Les soignants ont tendance à se comporter ainsi parce que dans la relation de proximité, de corps à corps réactualisé par la situation, un interdit redoutable surgit de façon allusive, celui de la connaissance de la sexualité des parents.

En effet, une des dimensions fondamentales du sexual est qu'il s'érige par définition en contradiction avec les attentes de l'adulte.

En créant sur le mode hallucinatoire une signification de ce qu'il perçoit de la sexualité adulte[45], l'enfant se construit en tant qu'être unique et, plus tard, lorsque l'accomplissement sexuel tendra à se faire avec la maturation physiologique, cette opération créatrice limitera grandement les possibilités de superposition entre la sexualité des enfants et celle des parents.

45. Daniel Widlöcher, Amour primaire et sexualité infantile : un débat de toujours, in *Sexualité infantile et attachement*, Paris, PUF, 2000, pp. 1-56.

La question de la sexualité renvoie nécessairement à celle de **l'intime,** et pour rester intime il est indispensable qu'il y ait décalage entre ce que perçoivent parents et enfants de leurs sexualités respectives.

La particularité du sexual est de recourir de façon prioritaire aux **mécanismes de création et d'hallucination.** Lorsqu'une aide-soignante est contrainte de percevoir non pas de façon hallucinatoire, mais de façon bien réelle, des indices de manifestations sexuelles adultes chez son patient, il est impératif qu'elle ait les moyens psychiques de ne pas identifier trop vite ce client à l'image idéale qu'elle a de ses propres parents.

Comme le dit Françoise Dibie-Racoupeau, chez les sujets jeunes, les processus d'identifications font en priorité référence aux enjeux oedipiens. Le risque de se tromper d'histoire, lorsque l'on prend soin d'un aîné, existe et est redoutable[46].

Il est important de préciser cependant qu'il y a autant de manière de réagir face à la sexualité du grand âge qu'il y a de personnes.

Il faut dire et redire que la gestion des enjeux sexuels est une méta-fonction et qu'il est toujours impossible, à quelque niveau que ce soit, de proposer des normes de conduite.

Toute grille de décryptage des conduites entre soignants et soignés sur la question de la sexualité a une valeur de schéma général, toujours un peu vraie, mais jamais totalement suffisante en fonction de l'histoire de chaque protagoniste et du moment de leur rencontre.

Intéressons-nous maintenant à ce que vit la personne âgée, fortement incitée à ne pas faire d'allusion ou de références à la sexualité, dans une situation très ambiguë de ce point de vue.

Le plus souvent ce vieillard est dans une situation de fragilité extrême ; les certitudes et les assurances qu'il avait sur sa place dans la société et dans le temps sont sérieusement ébranlées par la réalité de la vie institutionnelle. En situation de crise, on peut même parler d'**effondrement psycho-social**[47].

Dès lors, les retours d'enfance, dont nous parlions au début de ce paragraphe, ne manquent pas d'envahir la question sexuelle. Retour d'enfance, c'est-à-dire fonctionnement réactionnel de type infantile avec sur cette question, priorité à la création fantasmatique et à la mise en tension systématique des enjeux.

46. Florence Dibié-Racoupeau, *Dispositifs d'aide aux aidants*, Congrés international : Alzheimer comment aider ?, Lyon, 5 mars 2005.

47. Nicolas Lépine, *Abord psychologique de la rétropulsion à début brutal chez la personne âgée*, Thèse de psychologie et de psychopathologie clinique, Université Lumière Lyon 2, 2002 (http://demeter.univ-lyon2.fr:8080/sdx/theses/index.shtm).

Il n'empêche que les personnes prises dans ce paradoxe ne sont plus des enfants et, lorsqu'on observe leurs conduites, on est surpris par cette intrication serrée entre prédominance infantile ou adulte.

Par exemple, cette dame avec de gros troubles cognitifs qui se promène les fesses à l'air le matin en cherchant sa maman (!?) pour que celle-ci lui donne sa robe.

Quand une une première soignante aimable qui lui donne une robe « de la part de sa maman » en lui enjoignant de l'enfiler vite parce que ses voisins sont gênés par sa nudité, elle se sauve en riant comme une petite fille.

Quelques minutes après, à une autre employée qui lui reproche de n'être toujours pas habillée et qui la menace de l'enfermer dans sa chambre, elle répond vertement qu'elle n'a pas de conseils à recevoir d'une grosse p... qui passe sa journée à tortiller du popotin devant les hommes !

Il est très important de ne pas penser les enjeux de manière univoque, mais de garder toujours en tête cette **dualité entre l'identité adulte et l'identité infantile** dans les réactions des personnes âgées sur la question sexuelle.

Le sexuel dans l'institution gériatrique

Le complexe de castration

Le sexuel, nous l'avons vu brièvement est un terme qui recouvre le champ de la génitalité. Il renvoie à la différence biologique des sexes. L'organisateur central de ce niveau est le complexe de castration.

« Le sexe est duel. Il est tel par la reproduction sexuée, et aussi de par sa symbolisation humaine qui fixe et fige en présence/absence, phallique/castré[48]. »

Ce complexe de castration est un concept, une grille de lecture universelle qui sert à structurer l'environnement par rapport à ce que l'on a et à ce que l'on n'a pas.

À l'origine, ce complexe avait été décrit chez le garçon comme une angoisse de perte fondatrice[49], mais à la suite de travaux ultérieurs et en particulier de ceux de l'école anglaise, il est admis que ce complexe est universel et structurant du psychisme humain.

48. Jean Laplanche, Le genre, le sexe, le sexual, in *Sur la théorie de la séduction*, In Press, 2003, p. 68.

49. Jean Laplanche, *Problématiques 2 : castration-symbolisations*, PUF, 1980, p. 85.

Défense et castration

Un des principaux effets de l'instauration de ce complexe de castration est qu'il édifie une obligation concrète de renonciation effective à ce que l'on ne peut avoir. Du côté de la petite fille, renonciation à avoir un pénis, du côté du petit garçon, résolution à ne pouvoir enfanter. Comme toujours, cette contrainte rationnelle est souvent contrebalancée et équilibrée par une tendance psychique à **refuser cette renonciation.**

Par exemple, lorsque l'on refuse, malgré l'évidence de la réalité, d'admettre que les personnes âgées ont encore des besoins et des manifestations sexuels, c'est bien pour se protéger de leurs désirs éventuels.

C'est aussi sur un mode défensif que l'on construit aussitôt une théorie sur la nécessité de leur prodiguer les moyens d'avoir une sexualité, mais minimale... et chose étrange uniquement chez les hommes !

Il faut en effet remarquer que si l'on envisage régulièrement d'amener des prostituées pour les messieurs en institution, le silence est de mise sur ce que l'on entend proposer aux dames. Notre étonnement est d'autant plus grand que dans les institutions les femmes (souvent seules) sont en général trois fois plus nombreuses que les messieurs, ce qui laisse proportionnellement beaucoup plus de choix de partenaires aux hommes qu'aux dames.

Bien entendu, derrière cette plaisanterie, il faut resituer les différences culturelles et physiologique entre sexualité masculine et féminine, l'une reposant plus sur l'activité et la prise de pouvoir, l'autre plus sur la passivité et le contrôle. Mais il n'est probablement pas anodin que ce soit justement la sexualité de type masculin, très orientée vers l'activité et la prise de pouvoir, qui soit mise en avant lorsque l'on évoque le grand âge.

Il faut, selon nous, y voir un mécanisme de défense mobilisé assez fréquemment face à **l'angoisse du vieillissement** qui consiste à soutenir de façon implicite l'hypothèse selon laquelle chacun peut vieillir bien à condition d'avoir suffisamment de volonté.

Interdit et castration

Le complexe de castration instaure un clivage nécessaire entre ce que l'on peut avoir et ce que l'on ne peut pas posséder. Il est intéressant de remarquer que c'est par **l'intériorisation de cet interdit** que l'on arrive à renoncer à la toute-puissance.

Or, il faut constater que la société en général délègue souvent à ceux qui ont la mission de veiller sur les anciens une puissance sans limite.

Ainsi un bon gériatre se doit, à lui tout seul, d'être au minimum l'égal (légal ?) d'un bon neurologue, d'un interniste de haut niveau, d'un psychiatre et pourquoi pas d'un gestionnaire remarquable...

De la même façon on attend de l'aide-ménagère qu'elle ait la capacité de tenir propre la maison de son client en étant à la fois sa confidente, son infirmière, sa diététicienne, sa kinésithérapeute, son économe voire son chauffeur...

Il arrive malheureusement que cette polyvalence devienne parfois une omnipotence aveugle chez l'accompagnant qui a reçu implicitement un tel mandat. Et la première caractéristique qu'il va dénier chez le vieillard sera l'identité sexuelle de ce dernier.

Mais le soignant qui arrive à intérioriser, non pas ce fardeau idéalisé que veut lui faire porter notre époque, mais les limites et la pauvreté de ce qu'il peut effectivement apporter à son client, se comportera différemment. Nous reviendrons sur ce point dans la dernière partie du livre.

Contrairement à une opinion qui semble incontestable, la réalité des phénomènes de groupe dans la prise en charge gérontologique, sont malheureusement un obstacle à ce difficile positionnement psychique.

Après quelques mots sur les limites de l'interdisciplinarité, nous évoquerons, à travers les notions de contradiction et de contraire, un exemple montrant comment la logique de la castration peut parasiter les problématiques gérontologiques.

Les limites de l'interdisciplinarité

Tout d'abord, précisons que nous traitons de « l'interdisciplinarité appliquée », c'est-à-dire de l'interaction entre les professionnels et entre les disciplines telle qu'elle existe concrètement, dans la situation du prendre soin.

L'interdisciplinarité dans ses aspects plus formels de recherche, de formation ou de stratégies-diagnostics n'est donc pas concernée par cette réflexion.

Nous sommes tous d'accord sur la nécessité d'une pratique interdisciplinaire auprès des personnes âgées que nous hébergeons.

Cela veut dire que nos différents domaines de compétence et d'intervention ne doivent pas être indépendants mais complémentaires.

Nous devons comprendre ce que font les autres intervenants et articuler nos pratiques pour le bien-être du résidant. Il s'agit là d'une des spécificités de l'approche gérontologique qui, dans une approche globale de la personne, prétend dépasser les points de vues réducteurs inhérents à chaque discipline.

Ainsi, l'interdisciplinarité est-elle souvent désignée comme exigence incontournable et indiscutable de notre pratique. C'est d'ailleurs le thème de nombreux congrès et réunions de gérontologues. Maints ouvrages expliquent d'ailleurs les avantages indéniables de cette philosophie de travail.

Nous partageons bien évidemment cette conviction au point d'affirmer que l'exigence interdisciplinaire est un **devoir pour l'équipe** et un **droit pour le client.**

Pourtant, comme souvent, il faut se méfier de ce qui est présenté comme indiscutable. La conviction, le désir de convaincre ne doivent pas devenir de l'idéologie c'est-à-dire une tendance à se laisser diriger par les théories ou par les modes plus que par les faits.

Et l'on connaît l'efficacité des mécanismes idéologiques à bloquer la pensée et à vider les pratiques de tout sens.

Il est donc difficile d'identifier les aberrations qui existent sous prétexte d'interdisciplinarité.

Trois thèmes semblent importants à considérer : la difficulté à concilier interdisciplinarité et hiérarchie, la valeur des conflits entre soignants, la notion d'emprise.

Interdisciplinarité et hiérarchie

Tout d'abord, rappelons que l'approche interdisciplinaire n'est pas particulière à nos métiers de soignants. Si vous faites construire une maison, vous vous apercevrez rapidement que l'électricien ne peut travailler sans concertation avec le maçon qui lui-même dépendra du menuisier... Pourtant, jamais il ne vous viendra à l'idée de faire poser vos prises électriques par le couvreur ou installer votre fosse septique par l'électricien.

L'architecte fournit des plans aux différents corps de métiers qui s'organisent entre eux pour réaliser la construction. Mais ce n'est pas lui, l'architecte, qui explique au maçon comment faire ses coffrages, ni à l'électricien comment organiser son tableau électrique. Chaque intervenant garde sa compétence et son savoir-faire tout en contribuant à une réalisation collective.

Le parallèle avec nos métiers de soignant est intéressant. En institution, tout devrait fonctionner sur le même principe et pourtant, on constate que l'aide-soignante travaille sous la responsabilité de l'infirmière qui elle-même rend des comptes au médecin. Il est moins question de domaines de compétences propres que de recouvrement des compétences les unes par les autres. La plupart des médecins ne sont pas avares de directives plus ou moins justifiées aux infirmières de leurs services sur la façon d'exécuter tel ou tel acte. Les infirmières se font un plaisir « d'encadrer » les aides-soignantes. Jusqu'aux administratifs qui expliquent maintenant aux médecins comment prescrire !

Mais il y a de nombreux écueils à cette *interdisciplinarité verticale,* par rapport à *l'interdisciplinarité horizontale* que je viens d'évoquer concernant les différents artisans du bâtiment.

Le premier est le **glissement de fonction :** dans un désir plus ou moins conscient de toute-puissance par rapport au client, chacun a souvent tendance, sous prétexte de manque de personnel, à investir des champs de compétence du niveau techniquement supérieur au sien. Si beaucoup d'aides-soignantes font fièrement les pansements, rares sont les infirmières qui revendiquent la possibilité de faire plus de toilettes.

La conséquence est néfaste pour le client qui, au passage, se retrouve dévalorisé, puisque pris en charge par des personnes qui, *a priori,* ne sont pas formées pour les gestes qu'elles exécutent, et sans que personne ne l'ait apparemment souhaité.

Bien entendu ces soignants qui exercent « au-delà » de leur domaine d'exercice arrivent souvent avec l'expérience, à devenir très compétents dans ce qu'ils font. Le problème n'est pas là, c'est bien le manque de reconnaissance sociale qui pose problème.

Faut-il accepter que, pour les personnes âgées, n'importe qui avec un peu de bonne volonté puisse faire à peu près n'importe quoi ?

Peut-on considérer qu'au-delà d'un certain âge des clients, la qualification n'a plus de valeur ? Autant dire tout de suite que les règles sociales et les lois ne s'appliquent plus à nos anciens et qu'il est alors légitime que l'apprentissage des techniques ne se fasse plus dans un cadre éducatif, mais directement sur le terrain !

Le deuxième risque est la **dilution des fonctions :** puisque chacun est couvert par un responsable, il se contente de faire son métier tel qu'il le conçoit en faisant confiance au « chef » pour avoir une vision plus globale et à plus long terme. En d'autres termes on se **centre sur la tâche** à effectuer **plus que sur la personne.** Là aussi le perdant est quasiment toujours le client car le « mégaresponsable », qui en général est peu disponible, donne des pistes de travail qui sont, du fait de ce système, suivie comme des « bulles du Pape ». La tendance à s'approprier la compétence d'autres sous prétexte d'interdisciplinarité est très pernicieuse car alors tout le monde et personne est acteur et responsable de tout et de rien.

Une des conséquences de ces deux « dérives interdisciplinaires » est la manière dont certains problèmes sont posés. On se demande par exemple, pour mieux prendre en charge l'aspect relationnel des soins, s'il vaut mieux créer un poste de psychologue ou donner plus de temps aux soignants pour faire leur travail. Choix impossible puisqu'une de ces décisions ne va pas sans l'autre !

La valeur des conflits

Il est incontestable que nous avons tous coutume de d'interpréter (dans le bon sens du terme) la réalité qui nous entoure afin d'arriver à nos fins.

Imaginons que les différents interlocuteurs que nous « utilisons » à notre profit aient la possibilité de communiquer entre eux, à notre sujet, en permanence et à notre insu.

Pour chacun de nous ce serait une catastrophe.

Si le banquier que nous avons presque convaincu de financer notre formidable projet avait la possibilité de consulter notre ancien patron qui, aigri de notre départ, lui dirait tout le mal qu'il pense de nous, ou, si le propriétaire du terrain que nous pensions acquérir pour une bouchée de pain pouvait informer ce même banquier de son intention de faire monter les prix de façon exorbitante, nul doute que nos chances d'obtenir notre crédit diminueraient beaucoup.

Dans la culture médicale, sous prétexte d'interdisciplinarité, d'esprit d'équipe, pour nous éviter de saturer, nous avons coutume d'échanger à chaque instant, systématiquement, à l'insu du résidant (et parfois même en sa présence), sur son cas. Nous échangeons ainsi nos points de vues sur son caractère, sa qualité de vie, sa sexualité, l'amour que lui dispensent ses proches.

Honnêtement, 90 % de ce que nous nous autorisons à partager nuit plus qu'il ne sert à nos clients. Convenons que nous sommes bien plus prolixes sur ce qui nous dérange, nous, chez les pensionnaires, que sur nos incertitudes quant aux spécificités de nos pratiques et aux insuffisances de notre prise en charge.

Cette **communication intempestive** a pour but inavoué d'empêcher le patient de nous manipuler. Or leur capacité de « manipulation » doit pourtant être absolument préservée et l'interdisciplinarité ne doit pas être un prétexte à sa négligence.

Pourtant il est clair qu'une approche interdisciplinaire repose avant tout sur la communication et donc sur l'échange entre intervenants.

Toutefois, mettre le client au centre de nos préoccupations ne veut pas dire le mettre forcément au centre de nos conversations.

Il est indispensable, donc, de laisser aux résidants la liberté de faire « jouer » les intervenants les uns avec les autres, pour **maintenir une dimension conflictuelle** minimum entre les différents intervenants. Les travaux de R. Kaes, psychanalyste spécialisé dans les phénomènes de groupe, montrent clairement que les groupes « trop lisses » sont avant tout soucieux de leur propre survie, et à ce titre disqualifient volontiers toute personne pouvant menacer leur cohésion[50]. La situation dans laquelle un groupe de soignants s'affronterait à une personne, sans possibilité de se remettre en cause, mimant une belle unanimité sur toutes les options à prendre, serait une caricature d'équipe soignante. Il nous semble que l'apologie « du travail d'équipe » présentée toujours et partout comme nécessaire et suffisante mérite souvent quelques bémols, qui sont en général balayés sous prétexte d'interdisciplinarité.

L'emprise

Une des raisons participant à cette résistance des équipes soignantes à tolérer le « lobbying » des résidants tient au statut particulier des problématiques d'emprise dans les EHPAD.

Il est habituel, dans la réflexion gérontologique de dénoncer l'emprise (la domination morale, intellectuelle) des soignants sur les personnes âgées. Pourtant, si l'on accepte de considérer ce mécanisme autrement que sous un angle exclusivement psychopathologique, comme le propose A. Ferrant, on s'aperçoit de la richesse des problématiques d'emprise.

Revenons d'abord à l'origine de ce mécanisme :

> « L'emprise se dégage d'abord sous forme de travail d'emprise, c'est-à-dire un ensemble de conduites motrices puis relationnelles qui visent à modeler autrui de telle sorte que les conditions de satisfaction soient assurées. Habituellement, l'environnement se prête spontanément à un tel travail, se pliant par exemple aux exigences du bébé jusqu'à un certain point. Réciproquement, cet entourage exerce en direction du bébé un travail d'emprise qui, via les conduites d'apprentissages modèle en même temps ce bébé[51]. »

Cette notion d'emprise « croisée » est particulièrement juste concernant la pratique gérontologique.

Un travail d'emprise bien tempéré de part et d'autre a donc permis au cours de l'ontogenèse le développement des « appareillages du moi ». Chez les personnes âgées vivant en établissement, c'est justement ce fondement structurel du psychisme de chaque personne qui est obligatoirement remis au travail par la situation institutionnelle. Dès lors, l'emprise que tentent d'exercer les soignants peut être pensée comme une réactualisation des conduites d'apprentissage vis-à-vis de la personne âgée, conduites condamnables quand elles sont synonymes d'infantilisation et de disqualification de ces

50. René Kaes, *Le groupe et le sujet du groupe*, Dunod, 1993.

51. Alain Ferrant, *Pulsions et liens d'emprises*, Dunod, 2001.

personnes comme adultes responsables, c'est-à-dire lorsqu'elles ne tolèrent pas de réponses sur le même registre de la part de la personne âgée.

C'est ce qui se produit souvent lorsque, face à la réactualisation désespérée de ce mécanisme d'emprise sous sa forme motrice et relationnelle par les résidants, l'entourage « bloque » parce qu'il craint de laisser du pouvoir à la personne âgée, pouvoir qui permet de réinvestir la personne comme figure parentale que ni l'âge ni la maladie ne suffisent à disqualifier. Dans ce cas le vieillard resterait donc susceptible d'être un modèle identificatoire. Dans un milieu gérontologique où les morts sont nombreuses et difficiles à élaborer, il est « coûteux » de tolérer cette proximité avec les résidants. Concevoir qu'ils puissent manipuler leur entourage et donc les soignants à leur profit plutôt qu'à ce que l'on a décrété être « bien pour eux », c'est les autoriser à **rester des êtres désirants.**

Au lieu de se prêter aux exigences de la personne jusqu'à un certain point, comme le voudrait une relation d'emprise bien tempérée, l'entourage (l'équipe soignante) ne supporte alors parfois aucun désir de la personne, rigidifiant ses conduites à l'extrême. On assiste de part et d'autre à des conduites d'emprises mortifères qui risquent de se solder par la disparition du plus faible : bien évidemment le client !

Car l'emprise est convoquée dans les problématiques que nous appelons « d'auto-conservation », c'est à dire qui ont comme enjeu ni plus ni moins que la survie des protagonistes. Survie des soignants en tant que professionnels, et survie des clients simplement comme êtres vivants et désirants.

L'exigence interdisciplinaire, si elle est plus forte en gérontologie qu'ailleurs, est aussi plus difficile à tenir que dans d'autres disciplines.

Parce qu'accepter de considérer ses différences et en faire un outil pour le bien du client, c'est aussi savoir se diviser sans perdre ce qui nous réunit : l'intérêt que nous portons aux personnes âgées.

Mais le fossé est mince entre l'avantage de cette constellation de compétences en interactions, permettant de mieux tolérer l'emprise des clients pour les rassurer sur leur statut d'acteurs sociaux, et l'exagération de ce mécanisme qui aboutit à leur exclusion d'un système qui, pourtant, n'a de sens qu'en fonction d'eux.

En terme psychanalytique, se diviser sans se perdre revient à **intégrer la dimension castratrice de la réalité.**

Contradiction et contraire

Il est important d'insister sur ce qui distingue les notions de contraire et de contradiction.

La logique du complexe de castration nous pousse à penser la sexualité comme binaire, faite de deux pôles, masculin et féminin.

Pourtant du point de vue biologique la sexualité est plutôt une diversification, une spécialisation par rapport à une certaine fonction. Par exemple, les hormones mâles comme la testostérone se trouvent aussi bien chez les hommes que chez les femmes (mais dans des proportions différentes).

Si une feuille verte ne peut être une feuille rouge, cela ne signifie pas que rouge est le contraire de vert. Si une personne qui n'a pas la même sexualité que le jeune adulte de vingt-cinq ans tant mis en avant dans la communication contemporaine, ne signifie pas pour autant, qu'elle est le contraire de sexuellement active !

Par rapport à un état, il peut y avoir de nombreuses formes de contradictions, mais un seul contraire.

Jean Laplanche, a bien repéré les enjeux sous-tendus par ce glissement conceptuel[52].

Il rappelle cet épisode de l'histoire de Byzance où, à partir des jeux du stade dans lesquels les camps des chars et des chevaux étaient affectés de deux couleurs (vert et bleu), leurs partisans s'étaient désignés comme les verts et les bleus et peu à peu toute la cité s'était structurée sur cette distinction qui est devenue, d'une opposition sportive, une distinction politique capitale entraînant toute une partie des querelles et des massacres byzantins.

L'explication est que cet attribut (couleur) est devenu, plus qu'une qualité : un insigne, osons même le mot : un stigmate.

L'insigne-stigmate en arrive à créer et à symboliser une distinction qui n'existait pas au départ.

Pourquoi ?

Probablement parce que nous avons **besoin de repères clairs et réducteurs** pour pouvoir apprivoiser la complexité de la réalité lorsqu'elle menace la représentation que nous avons de notre intégrité.

On peut avancer l'idée, peut être pas si farfelue, que lorsque l'on est confronté quotidiennement à la réalité de la difficulté de vieillir, il est possible de prendre peur de son propre vieillissement, et d'être contraint de structurer le vieillissement sur un mode bipolaire du bon et du mauvais vieillissement.

52. Jean Laplanche, *Problématiques 2 : castration-symbolisations*, PUF, 1980, p. 54.

Ainsi, l'insigne « vieux » serait en contradiction avec tous les symboles et représentations de la sexualité culturellement liés à la jeunesse.

À l'opposé, mais dans le même registre, en prétendant que le grand vieillard n'est pas autre chose qu'un adulte avec beaucoup d'expérience, en affirmant que la médecine peut, sans limite, équilibrer les déficits dus au grand âge, en niant qu'il est inévitable que le mode de vie des personnes se modifie lorsqu'elles avancent en âge, en réclamant des prostituées pour les vieillards, faisons-nous autre chose que d'idéaliser une éternelle jeunesse que les plus optimistes prétendent raisonnable de limiter à l'âge de cent vingt ans ?

Cette **approche manichéenne du vieillissement,** qu'elle soit défectologique ou idéologique, nous la retrouvons dans cette ambivalence des discours autour de la sexualité des très âgés qui sont présentés soit comme devant avoir une sexualité de type adolescent en multipliant les rencontres et les aventures, soit devant être chastes et sans désirs.

La dimension érotique

C'est principalement à ce niveau sexuel que prend sens la dimension érotique. L'activité sexuelle des hommes n'est pas nécessairement érotique, elle l'est chaque fois qu'elle n'est pas rudimentaire, qu'elle n'est pas simplement animale[53].

On comprend dès maintenant que c'est cette dimension érotique qui est refusée implicitement aux personnes âgées, handicapées ou incarcérées, à qui l'on prescrit, sous prétexte de les préserver, une sexualité minimale de type animal !

L'économie dans le complexe de castration prescrit plus facilement le renoncement à l'autre comme sujet désirant que le renoncement de l'autre (c'est-à-dire d'une vraie personne à laquelle on peut s'identifier et qui est susceptible d'erreur et d'ambivalence).

Mais revenons sur l'érotisme.

« L'érotisme, c'est la sexualité humaine libérée de tout projet de reproduction, de toute génitalité obligatoire ; il rend la jouissance indépendante de toute autre fonction biologique et l'autonomise de telle façon qu'à partir de là tout plaisir en mangeant, en buvant ou en travaillant fera naître le soupçon d'un érotisme caché. Mais si la sexualité érotique évoque plus que le simple « désir de l'autre » (l'autre comme objet du désir), c'est parce qu'elle contient un désir sexuel exacerbé par la mort, tourmenté par l'interdit[54]. »

53. Georges Bataille, *L'érotisme. I : L'érotisme dans l'expérience intérieure*, Éditions de Minuit, 1957.

54. Eduardo Colombo, Sexualité et érotisme, de la sexualité au phantasme, in *Sexualité infantile et attachement*, PUF, p. 123.

Si l'on s'en tient à cette description on comprend l'importance de la dimension érotique dans le grand âge. Dimension érotique totalement déniée non seulement par le monde des soignants, mais aussi par la société dans son ensemble.

L'exemple du massage

Pour illustrer concrètement la difficulté que nous avons à maintenir chez les vieillards vivant en institution, cette capacité à érotiser les enjeux, voici une anecdote exemplaire.

> Il y a quelques années, dans un des services de l'établissement d'hébergement pour personnes âgées dépendantes dans lequel nous exerçons notre métier de masseur-kinésithérapeute, une surveillante, motivée et soucieuse du bien-être de nos clients, nous demanda d'assurer régulièrement des séances de massage de confort chez les personnes qui le désiraient. Malgré toute notre bonne volonté, la demande de la part des résidants fut bientôt si importante que nous ne pûmes y faire face (sur ce secteur, nous sommes responsables de plus de 160 places d'hébergements).
>
> La responsable du service, consciente de notre disponibilité limitée se proposa alors de faire suivre une courte formation aux employées de toutes qualifications qui étaient volontaires afin de satisfaire la demande des pensionnaires.
>
> Bien que cette initiative soit franchement illégale (l'article L 489 du Code de la santé publique interdit en effet la pratique du massage à toute personne qui n'est pas titulaire du Diplôme d'État de masseur-kinésithérapeute), nous décidâmes de ne pas nous opposer à l'expérience parce que le confort des résidants de notre établissement nous semblait plus important que la défense d'un monopole, que nous n'avions de toute manière pas les moyens d'assumer.
>
> Ainsi, après un apprentissage théorique de quelques heures, les soignantes volontaires eurent la possibilité de masser pendant une demi-heure par semaine la personne (volontaire elle aussi), de leur choix.
>
> La suite fut épique !
>
> Nous avons le souvenir de cette aide-soignante pourtant pleine de bonne volonté, très mal à l'aise, qui transpirait toute l'eau de son corps, qui « massait » dans un effort manifeste une grand-mère, largement aussi inquiète, le tout dans un silence glacial.
>
> Quelques chambres plus loin, par contre le monsieur qui avait été choisi comme cobaye était lui, très à l'aise, les jambes écartés, admirant d'un

œil égrillard, la plastique de sa masseuse, impatient, comme il nous l'avoua après, de la « voir se décider à enfin monter sa main plus haut ! »

Évidemment, cette initiative s'émoussa rapidement, faute de masseurs et de volontaires (et sans que personne n'ose s'interroger plus en avant sur ce qui s'était joué). Elle fut rapidement rangée dans la catégorie des idées fabuleuses qui n'ont jamais été appliquées faute de temps (ce qui dans ce cas était faux).

À la suite de cette expérience, nous nous sommes posé la question de savoir si les choses se seraient mieux passées si cette expérimentation avait eu lieu dans un service de jeunes adultes. Nous en avons parlé à nos collègues « ex-masseuses » qui se sont récriées qu'avec des jeunes jamais elles n'auraient acceptées de tenter une telle aventure, de peur d'être prises pour des « masseuses perverses » (sic.)

Par contre la dimension érotique de cette pratique avec des personnes âgées leur paraissait relever de l'abstraction fumeuse ou du délire le plus pervers. Ceci malgré la réalité de l'expérience tentée.

Nous vivons dans une culture et dans un référentiel social ou le toucher relève de l'interdit culturel. Et rien n'est plus difficile que de faire abstraction de sa culture.

Bien entendu beaucoup de personnes souffrent de cette difficulté à toucher et à être touchées par l'autre, mais il ne suffit pas d'identifier une difficulté pour la balayer.

Et si la loi réserve le massage à une catégorie particulière de professionnels, c'est parce que le législateur suppose que la situation relationnelle particulière de l'acte de massage, forcément très connoté sur le plan érotique dans notre culture, aura été suffisamment travaillé lors de la formation de base pour permettre au masseur de s'approprier la technique pour l'appliquer sans ambiguïté. Ce qui ne veut en aucun cas dire que la dimension érotique sera absente. Il est plus juste de dire que son évidence est alors prise en compte et adaptée à la personnalité du thérapeute dans une perspective déontologique de soin.

Bien que les techniques de massages soient codifiées et repérées, vous ne trouverez d'ailleurs jamais deux masseurs qui pratiquent leur « art » exactement de la même façon.

En somme ce que l'on attend de la formation de masseur, c'est, au-delà des aspects techniques, une capacité singulière de chaque professionnel à **entendre** et à **gérer sans ambiguïté les véritables enjeux** de ce type de relation très particulière en « peau à peau ».

Partant de là, si la stricte défense du monopole du massage prend parfois des allures corporatiste, il n'empêche que tant qu'il n'existe aucune autre profession qui offre les mêmes garanties quantitatives et qualitatives sur la formation initiale à cette technique relationnelle, il paraît plus prudent de ne pas autoriser n'importe qui à faire n'importe quoi.

Nous pouvons même aller un peu plus loin en nous posant la question de savoir si les demandes extrêmement fréquentes des soignants, en général les plus mal à l'aise dans le rapport qu'ils ont au corps des clients, concernant les techniques de massages, ou plutôt la « technicisation » du toucher, ne correspondent pas à une demande de s'exonérer de la sincérité de la relation de soin plutôt que de réellement développer leurs capacités d'empathie.

Dans notre expérience, d'ailleurs, ces mêmes personnes, lorsqu'elles ont besoin d'être massées choisissent longuement le professionnel à qui elles vont faire confiance et ne demandent surtout pas à leur voisine (qui sait aussi lire les lignes de la main !) de les « papouiller » !

Pudeur et érotisme

C'est presque un lieu commun que de rappeler qu'une personne en situation de soin subit presque systématiquement de graves atteintes à sa pudeur.

Toutes les personnes qui ont été opérées ou qui ont subi des examens médicaux approfondis, savent combien il est humiliant de se trouver exposées sans ménagements aux regards et commentaires des soignants... et souvent des passants !

Et il est évident que de telles situations sont tout sauf véritablement érotiques, d'autant plus qu'une grande part de l'érotisme consiste à suggérer plus qu'à montrer.

À l'origine, le mot pudeur désigne un sentiment d'appréhension à l'égard de ce qui peut blesser le respect que l'on a pour soi-même, spécialement un sentiment de gêne éprouvé, à faire, à être témoin ou à envisager un acte de nature sexuelle[55].

Évidemment, ce sentiment est très variable selon les personnes et leurs habitudes culturelles et personnelles. Mais il est indiscutable que dans l'environnement du soin, souvent sous des prétextes techniques fallacieux, l'instrumentalisation et la mise en scène du corps par l'approche médicale, sont autant d'occasions de « rabaisser » la personne à la stricte matérialité de son corps.

55. Alain Rey, *Dictionnaire historique de la langue française*, Le Robert, 1992, p. 3004.

Ce recours au mécanisme pour penser le corps est d'autant plus paradoxal que s'il était réellement une machine, il échapperait au vieillissement, à la fragilité et à la mort[56].

En oubliant que pour fonctionner, une machine a aussi besoin d'un conducteur, et que chaque modification de l'engin nécessite une adaptation du machiniste, on utilise d'ailleurs fort mal à propos ce réductionnisme.

Bien sûr aussi, les machines n'ont pas de sexe et ne se reproduisent pas entre elles, ce qui fait que l'on ne voit absolument pas pourquoi le pilote aurait un sentiment de gêne vis-à-vis des mécaniciens qui « tripotent » sa voiture.

Ce besoin qu'a l'environnement soignant de ramener le fonctionnement corporel à une mécanique organique provient de la difficulté qu'il a, face à la maladie, à la souffrance et à l'évidence de ses limites, à **accepter que la corporéité soit** (comme le sont les personnes) **plurielle et singulière.**

Il est probable qu'une grande majorité de soignants a besoin d'une certaine dose de déshumanisation de la clientèle (qui d'ailleurs a toujours existé en gérontologie[57]), pour s'empêcher de percevoir la cruauté dont ils se font complices.

Si l'autre est fondamentalement différent, il ne peut souffrir comme je souffrirais à sa place dans la même situation.

Il nous faut admettre que traiter la pudeur de la personne (âgée ou non) par le **mépris,** c'est lui refuser d'exister en tant que personne sexuellement marquée, donc à qui nous serions susceptible de nous identifier, voire de nous projeter.

Refuser une dimension érotique à une situation ambiguë d'un point de vue génital, c'est fonctionner psychologiquement sur le **registre du déni** (en n'oubliant pas que l'on ne peut dénier que ce que l'on a perçu... de façon plus ou moins consciente).

D'après une étude faite en long séjour, si le soignant a l'impression que la toilette est un moment de plaisir à connotation sexuelle pour les personnes âgées (65,5 %), on constate de leur côté que ce n'est pas du tout le cas, et qu'elles n'apprécient généralement pas cet instant[58].

Le paradoxe soignant qui perçoit l'évidence de la dimension sexuelle des techniques de toilettes tout en la ramenant à une perversité dans l'attente du client est là clairement illustré et inquiétant.

56. David Le Breton, *Anthropologie du corps et modernité*, PUF, 1990, p. 230.

57. Yves Gineste, Jérôme Pélissier, *Humanitude (comprendre la vieillesse, prendre soin des hommes vieux)*, Armand Colin, 2005, pp. 171-188.

58. Dominique Richard, Sexualité et affectivité en « long séjour » : une enquête à Dijon, in *Gérontologie et société, n °56*, FNG, 1991, pp. 160-166.

Raymond a eu une vie hors du commun. Âgé de plus de 90 ans, il est depuis son enfance passionné de cinéma. Il a une mémoire formidable, une passion toujours intacte et sa culture immense en ce domaine font de lui un interlocuteur passionnant. Il a d'ailleurs été gérant d'une grande salle de spectacle de province et a connu personnellement de nombreux artistes.

Souvent, le matin, lorsque les aides-soignantes viennent l'aider à faire sa toilette (Raymond est aveugle), elles s'aperçoivent que Raymond est en érection. Cela les fait invariablement glousser pendant quelques minutes, au grand embarras de Raymond.

Souvent il se trouve une « rigolote de service » qui s'autorise alors à lui faire de véhéments reproches sur son âge et sur l'état dans lequel il se trouve.

Que peut répondre Raymond à ces commentaires publics ?

Une première explication concerne la différence de génération déjà évoquée.

Lorsque l'on parle de sexualité, on parle d'éléments de rupture entre générations. S'il est désagréable, pour chacun de nous, de nous figurer la sexualité de nos parents, il nous est tout aussi déplaisant de voir nos parents s'intéresser à nos pratiques sexuelles.

Cette difficulté vient de la dimension fondatrice du *complexe d'Œdipe* qui, en nous interdisant d'accéder à la génitalité parentale, nous contraint à chercher des **substituts à l'investissement sexuel parental** dans des personnes de notre génération.

Dès lors la sexualité parentale prend une valeur de tabou qui est remise en cause lorsque l'on constate que des personnes de la même génération que nos parents ont une vie sexuelle.

C'est donc une réaction « naturelle », mais lourde de conséquences graves, que de considérer que toute manifestation sexuelle chez un ancien est perverse.

De la même façon que l'on ne peut être un éducateur performant si l'on considère tous les enfants comme ses propres enfants, il n'est pas possible d'être un gérontologue « suffisamment bon » selon l'expression de Winnicott, si l'on assimile sans souplesse tous ses clients à ses propres parents.

Poussons encore un peu cette *tentative de théorisation :*

Réduire la personne âgée à une machine, c'est réduire ce que l'on perçoit à ce que l'on croit pouvoir contrôler, ce qui revient à réactiver en nous ce processus infantile (appelé par les psychanalystes : processus primaire) dans lequel nous assimilons notre monde intérieur et le monde extérieur.

C'est par ce mécanisme que le bébé, lorsqu'il a une sensation désagréable, proteste et hurle pour mobiliser en lui des processus psychiques défensifs de la même manière que l'augmentation de la fréquence respiratoire permet de limiter l'hypoxie.

C'est aussi cette même stratégie qui est utilisée par les psychotiques lorsqu'ils dégradent l'environnement (ex.: arrachage du papier peint) ou eux-mêmes (automutilations) pour supprimer en eux la sensation désagréable dont ils sont incapables d'attribuer l'origine ailleurs qu'en eux-mêmes !

Il faut tout de même que le danger potentiel auquel font allusion la singularité et le genre sexuel de l'âgé soit de taille pour que nous ayons besoin de mécanismes si archaïques pour nous en protéger.

> Le cas « Raymond » inquiète l'équipe de ce service, d'autant plus que la moyenne d'âge des soignantes ne doit pas dépasser 24 ans. Et que par un curieux hasard aucune d'elle n'a beaucoup d'expérience et ne peut rappeler à ses collègues qu'il arrive assez souvent que les messieurs, mêmes âgés, aient une érection le matin.
>
> Dès lors on voit se mettre en place chez les membres du personnel des stratégies défensives (?) très archaïques. Il est convenu que la toilette de ce dangereux prédateur devra se faire au moins à deux soignantes. De nombreuses hypothèses délirantes sont échafaudées : et si en fait Raymond n'était pas aveugle et faisait semblant de l'être pour mieux regarder leur derrière ? Et si toutes ces histoires et photos sur le monde du spectacle n'étaient qu'un miroir aux alouettes pour les attirer dans ses pièges lubriques…
>
> On imagine le désarroi et la tristesse de ce monsieur distingué et raffiné face aux sous-entendus et aux allégations de cette équipe avant que des intervenants masculins dans le service ne se rendent compte de la gravité de la situation. Ensuite, une prise en charge spécifique de cette équipe a permis de remettre ce discours délirant en cause et de préserver le peu de dignité qui restait à Raymond.

Nous pouvons même peut-être aller encore plus loin dans cet inquiétant questionnement sur la notion de la pudeur en nous demandant si ce trop systématique « outrage à la pudeur » banalisé dans les institutions de soin ne vise pas à faire du client, non pas seulement un objet de soin, mais un sujet « déviant ».

Cette idée n'est pas si farfelue si l'on se réfère au droit qui, rappelons-le, est le plus bas niveau de la conversation sociale :

« Lorsqu'il aborde le délit d'exhibitionnisme, le Code pénal ne met pas d'abord l'accent sur l'exhibition du sexe ou sur la violence qui en résulte pour les plus jeunes ou les plus fragiles, il le désigne sous les termes

> « d'outrage à la pudeur » (nouveau code pénal, 2002, article 222-32). L'accent premier est donc mis sur un idéal[59] ! »

Les raisons de ce **soupçon de déviance** projeté par les soignants (car c'est véritablement de cela qu'il s'agit, d'une projection qui correspond à une tendance à percevoir chez l'autre des motions ou des tendances que l'on réprime en soi-même), sont multiples et très liées aux histoires de vie de chacun des protagonistes.

Pourtant la fréquence et la systématisation de ces conduites nous font soupçonner une racine commune à ces comportements.

Il s'agit probablement en partie de **l'opposition et de la continuité entre le sexe et la mort qui a été tellement galvaudée !**

Sans entrer dans ce débat très complexe et très littéraire, rappelons-en les bases fondamentales :

> « La sexualité va toujours de concert avec un autre phénomène de prime abord catastrophique ou au moins vécu comme tel individuellement : le vieillissement et la mort de ceux qui se sont reproduits et laissent la place à leur progéniture[60]. »

> « La mort est donc un phénomène constant, biologiquement nécessaire, sans lequel la sexualité serait sans objet[61]. »

Cette dernière affirmation concerne l'ensemble du vivant.

Elle reste vraie concernant l'espèce humaine, mais ne doit pas être prise au premier degré, surtout en ce qui concerne le concept de sexualité, qui nous l'avons vu recouvre plusieurs notions qui ne peuvent pas toutes être réduites les unes aux autres.

Elle permet cependant de comprendre pourquoi le fait de considérer des symboles de mort (comme le sont souvent les vieillards institutionnalisés) comme susceptibles d'avoir une vie sexuelle exige un **parti pris fort d'humanité** (nous verrons dans le dernier chapitre que c'est même, compte tenu du contexte, une exigence « de prise de distance », qui implique une transgression).

L'intimité

Il apparaît que la notion d'intimité est une notion complexe dans la mesure où elle suppose certes, un lieu, mais aussi un processus psychique qui ne

59. Gérard Bonnet, *Défi à la pudeur*, Albin Michel, 2003, p. 93.

60. Jacques Ruffié, *Le sexe et la mort*, Odile Jacob, 1986, p. 10.

61. *Ibid.*, p. 260.

semble pouvoir s'engager qu'avec un mouvement de retrait d'avec l'espace public de la collectivité[62].

D'après Angélique Quiquandon, il semble qu'au-delà du seul respect d'un territoire géographique privé, le respect de l'intimité soit aussi, et peut-être surtout, le respect d'un espace favorisant l'introspection, c'est-à-dire la rencontre avec soi-même, préalable fondamental à la rencontre avec l'autre[63].

Cette conception de l'intimité comme ensemble de facteurs permettant un travail psychique particulier est très importante pour éclairer de nombreux paradoxes liés à la question sexuelle dans le grand âge. Il est encore plus intéressant de prolonger cette conception en assimilant cette rencontre avec soi-même à un effleurement conscient (dans le vocabulaire psychanalytique on dirait plutôt préconscient) des limites morales dans lesquelles nous nous autorisons à penser.

Dans l'expression « hygiène intime » on désigne la propreté des parties génitales donc des zones du corps qui sont dévolues à aller à la rencontre d'autres corporéités. Qui appartiennent à soi, mais aussi à autrui parce qu'elles sont susceptibles de devenir une partie anatomique d'un autre « moi » (au cours de l'acte sexuel) [64].

De la même manière dans l'expression « pensées intimes », il est question de zones de pensées dans lesquelles on s'autorise à ne pas être uniquement soi (tel que l'on aspire à se présenter au monde), mais à s'assumer véritablement soi-même avec ses doutes, ses hésitations et ses incertitudes.

Dans l'hygiène intime, il est question de parties du corps qui ne nous appartiennent pas totalement, dans les pensées intimes on évoque des pensées qui elles aussi ne nous appartiennent pas totalement.

Mais si elles nous sont un peu étrangères, elles n'appartiennent pas pour autant au champ social.

Lorsque l'on est dans l'intimité, on est donc dans la frontière non pas entre le monde interne et le monde extérieur, mais entre le personnage que l'on est avec ses contradictions et ses ambivalences et la personne que l'on accepte d'être.

Freud a théorisé l'évidence de la différence entre ce que l'on est et ce que l'on s'autorise à être entre « moi » et « surmoi ». La question de l'intime se situe au plus profond du moi, à cette zone de nous-même qui, de notre

62. Angélique Quiquandon, *Intimité et sexualité de la personne âgée en institution*, Mémoire de 2e année du DU de Sexualité humaine 2003-2004, Université Claude Bernard Lyon 1, Non publié, p. 13.

63. *Ibid.*, p. 14.

64. Sandor Ferenczi Thalassa, *Psychanalyse des origines de la vie sexuelle*, Petite Bibliothèque Payot, 1923, p. 138.

point de vue interne, fait notre richesse, notre profondeur et bien souvent notre fragilité.

Dans un champ théorique un peu différent, Françoise Payen situe l'intimité dans le même registre :

« L'intimité désigne donc « ce qui est le plus à l'intérieur de » quelqu'un ou quelque chose ; on pourrait dire ce qui est le plus enfoui au cœur de la personne, tous les mouvements intérieurs, sentiments et ressentis qui l'habitent, les émotions qui l'animent, lui donnent vie et le font agir, et qui sont stockés depuis le début de la vie et refoulés. (.../...) Quant on parle d'intimité on est dans le domaine de l'intériorité ; il s'agit tout d'abord de ce qui est caché, mais aussi de ce qui est présent en nous et qu'il faut tenir à l'abri des regards malveillants ou indifférents car ce qui est le plus précieux est aussi le plus fragile[65]. »

Ce qui relève de l'intimité est ce qui fonde notre identité d'être désirant (que ce soit du point de vue psychique ou du point de vue somatique), en décalage avec les exigences sociales, mais articulé obligatoirement à la question intersubjective :

> « L'intimité du sujet n'est pas déliée du rapport à autrui où elle est exposée ; sa reconnaissance et sa régénération exigent une dialectique entre les sujets dans une intersubjectivité authentique.
>
> Sur l'horizon de l'intersubjectivité, la maîtrise de l'intimité se donne comme une éthique de la pudeur envisagée comme une dialectique existentielle du caché et du révélé.
>
> Ainsi l'intimité est quelque chose d'essentiel, elle marque le sujet en lui-même, dans sa singularité auto-affective ; elle le pose dans l'épreuve qu'il fait de sa propre vie, à l'écart de la résurgence d'introspection et de narcissisme. Mais l'intimité ne s'enrichit que dans un rapport dialectique avec autrui qui fait échec à la dérive perverse et exige le respect des altérités inscrites au sein d'une relation de communication[66]. »

Dès maintenant on comprend la difficulté de tout système institutionnel à tolérer l'intimité chez ses membres.

Prenons *l'exemple de l'armée*.

Pour que sa mission soit atteinte, il faut que chaque individu se sente soldat avant de se sentir personnage unique. Le système de référence au réel individuel ne peut subsister qu'à condition de ne pas porter ombrage au système imaginaire leurrant de l'institution.

65. Françoise Payen, De la psychologie de l'intimité, in *L'intimité ou la guerre des sexes,* collectif sous la direction de Georges Eid, L'Harmattan, 2001, p. 122.

66. Pierre Gire, De la philosophie de l'intimité, l'intimité du sujet, in *L'intimité ou la guerre des sexes,* collectif sous la direction de Georges Eid, L'Harmattan, 2001, p. 179.

Système imaginaire qui prend le sujet au piège de ses propres désirs d'affirmations narcissiques, et de ses fantasmes de toute puissance en se faisant fort de répondre à leurs désirs dans ce qu'ils ont de plus excessifs[67].

Par exemple, les soldats sont fiers d'appartenir à un bataillon particulier qui a été reconnu pour ses faits d'armes historiques... il y a 50 ans, alors qu'aucun d'entre eux n'était né ! Par cette fierté ils inscrivent leurs prédécesseurs dans une atemporalité, une immortalité, qui leur parait accessible pour peu qu'ils se conduisent comme des héros selon les valeurs véhiculées dans leur corps d'armée.

Ce système leur permet de percevoir la réalité à travers une « grille de lecture » cohérente avec les impératifs de l'institution militaire (pour gagner l'immortalité il est possible et presque recommandé de perdre *sa* vie pour *son* armée).

Il ne faut jamais oublier, en effet, que la réalité psychique n'est pas la réalité matérielle. La réalité psychique correspond à la perception que chaque personne a des éléments qui l'entourent en fonction de son originalité propre. *Par exemple,* un verre d'eau ne sera pas perçu de la même façon si l'on est assoiffé, repu, ivre, enroué, en hyperthermie, en hypothermie, pressé, tranquille, au restaurant, en voiture...

Si la réalité matérielle du verre et de son H_2O est relativement stable, on conviendra que sa réalité psychique est beaucoup plus aléatoire.

Or, la constitution de cette réalité psychique est largement liée à celle de l'intimité. L'environnement est perçu au travers de ses propres manques : difficultés, hésitations, intérêts...

> Depuis quelques temps, Léon, 87 ans, a des problèmes d'incontinence urinaire à cause d'une prostate récalcitrante. Très mal à l'aise de se retrouver parfois avec un pantalon auréolé d'urine, Léon n'ose pourtant pas se confier à son médecin de peur d'être opéré, hospitalisé, puis placé en institution contre son gré.
>
> Il n'ose pas non plus aller acheter des protections à la pharmacie, de peur que l'on découvre sa « maladie honteuse ». Il se contente de remplir son slip de papier toilette, ce qui est à peu près efficace sur son apparence, mais ne l'est absolument pas quant aux odeurs.
>
> Son auxiliaire de vie qui vient tous les jours le prendre en charge pour le ménage et la préparation des repas a depuis longtemps compris la situation.

67. Eugène Enriquez, *L'organisation en analyse*, PUF, 1992, p. 37.

Elle en a aussi saisi la complexité et ne sait comment faire pour aider Léon qui demande maintenant que l'on aère sa maison deux heures toutes les cinq heures (nous sommes en automne !). D'ailleurs Léon dit avoir toujours trop chaud et effectivement il semble avoir régulièrement des bouffées de chaleur. L'aide ménagère, inquiète de voir que toute la vie de son client semble s'être arrêtée comme bloquée par ce problème urinaire, saisit l'occasion d'une chute sans gravité de Léon pour lui recommander d'aller voir son médecin et, ajoute-t-elle, « vous en profiterez pour lui parler de votre petit problème urinaire ».

À sa grande surprise Léon éclate alors en sanglot, sidéré qu'elle soit au courant, et lui explique sa honte de ne pouvoir maîtriser ses mictions. Il lui apprend qu'il a fait pipi au lit jusqu'à près de 16 ans, que ce sujet a toujours été très conflictuel entre lui et ses parents ; enfant, on lui a imposé une multitude de consultations spécialisées toutes plus humiliantes les unes que les autres. Patiemment, l'employée l'écoute, le rassure et lui propose d'acheter elle-même un paquet de protections pour la nuit qu'elle lui promet de lui apporter dès le lendemain.

En arrivant, elle trouve porte close, appelle les pompiers qui forcent la porte et découvrent Léon… pendu et mort !

Ce sinistre exemple nous montre combien un être humain est fragile dès lors qu'il est face à des difficultés qui (le plus souvent de façon allusive) remettent en question l'étayage intime de sa personnalité.

La plupart des auteurs qui ont travaillé la dimension psychologique du vieillissement se retrouvent pour considérer qu'une des caractéristiques remarquables des « très âgés » est leur capacité à **repenser leur histoire de vie en « restant fidèles à eux-mêmes ».**

Nous avons le souvenir de cette très vieille dame qui nous disait avec de grands yeux étonnés ne pas en revenir d'avoir attrapé 95 ans… Comme si elle avait attrapé la grippe ! Elle disait avoir l'impression de n'être vraiment pas si loin de sa petite enfance !

D. Quinodoz parle très bien de ce qu'elle nomme « la permanence du moi » :

> « Nous savons que nous resterons nous-mêmes, même si nous ne savons pas, maintenant, comment nous réagirons à la scène suivante. Si une personne est sûre de rester elle-même, l'acceptation d'être prête à s'étonner d'elle-même devient possible. La possibilité d'une telle surprise, conséquence d'une perpétuelle évolution, est le gage de ne pas s'ennuyer malgré la permanence de soi-même et de l'objet ; en contrepartie, la permanence du moi et de l'objet permet de ne pas s'angoisser mal-

gré les surprises que la constante évolution de soi-même et de l'objet nous réserve[68]. »

Il paraît probable que c'est dans la dimension intime qu'à chaque moment de notre vie, nous arrivons à établir une continuité dans notre « for intérieur ». L'intimité serait l'espace dans lequel nous aurions la capacité de mettre en lien nos ambivalences internes avec notre façon d'interpréter et de représenter le réel tel qu'il nous assaille.

Il va sans dire que cette dimension intime est hautement psychosomatique, ce qui fait que son effraction sera souvent suivie d'épisodes de **décompensation psychiques ou somatiques** auxquels il sera difficile voire impossible (mais serait-ce possible ?) de donner une étiologie précise.

La rétropulsion à début brutal, ou certaines conduites de refus alimentaires (à distinguer des troubles du comportement alimentaire) semblent être des pathologies spécifiques du grand vieillissement susceptibles de rentrer dans cette sémiologie.

Pour les premières on a parlé « d'effondrement psychosocial[69] », pour les secondes « d'opposition à sa perte de place dans la communauté institutionnelle, à son exclusion et à la dépossession de son terme[70] ».

Dans un cas comme dans l'autre, ce *concept de violation de l'intimité,* s'il est fondamental, n'en reste néanmoins pas moins nettement insuffisant pour argumenter la complexité de la clinique telle qu'elle s'exprime au quotidien.

En tout cas, on comprend l'importance de cette dimension intime dans le grand âge :

- intimité sur laquelle repose la permanence du moi indispensable au travail de vieillir ;
- intimité hautement psychosomatique dans une période nécessitant d'incessants réajustements de cet équilibre !
- intimité difficilement compatible avec les exigences institutionnelles ;
- intimité, fragilité qui permet de ne pas se dévoiler en gardant la fraîcheur et le secret de ses zones d'ombres.

68. Danièle Quinodoz, Le travail de vieillir, in *L'Information Psychiatrique vol 70 n°4*, 1994, p. 327.

69. Nicolas Lépine, *Abord psychologique de la rétropulsion à début brutal chez la personne âgée*, Thèse de psychologie et de psychopathologie clinique, Université Lumière Lyon 2, 2002, (http://demeter.univ-lyon2.fr:8080/sdx/theses/index.shtm).

70. Claudie Ducottet-Grivel, *Le refus alimentaire chez la personne âgée*, Thèse de psychologie et de psychopathologie clinique, Université Lumière Lyon 2, 2003, (http://demeter.univ- lyon2.fr:8080/sdx/theses/index.shtm).

De la notion de sexualité à celle de maltraitance

Après avoir affirmé que le concept de sexualité recouvre toute la sphère de la vie psychique, nous avons tenté de démontrer combien la notion de normalité est peu adaptée pour appréhender les logiques psycho sexuelles.

Nous en sommes arrivés aussi, avec les notions de castration, d'érotisme et d'intimité, à situer les problématiques sexuelles à l'intersection des champs social, intersubjectif et intrasubjectif.

Social, parce que ce sont les représentations sociales du milieu dans lequel évolue chaque individu qui prescrivent et tolèrent sa marge de liberté sexuelle. La norme morale est largement dépendante de ce niveau d'interaction. C'est ce cadre qui rend possible la transgression.

Intersubjectif, parce que c'est dans la rencontre et dans l'affrontement avec d'autres subjectivités que se construisent et s'expérimentent les possibilités de rencontre et d'accomplissement sexuel. C'est par cette dimension et la fascination qu'elle impose pour l'altérité que se renforce la permanence de soi.

Intrasubjectif, parce que c'est dans l'aller-retour permanent entre la conscience et le niveau pulsionnel le plus obscur que se fabriquent les fantasmes et l'énigmatique logique psychosomatique. C'est ici que prennent racine nos motivations les plus inconscientes et les plus mystérieuses

Nous allons maintenant réfléchir sur le concept de maltraitance qui se situe, avec un relief un peu différent, exactement à ce même niveau de conflictualité entre réalité « objective » et réalité psychique.

Points clés

- La sexualité imprègne, à tous les âges, toutes les relations humaines.

- Le concept de sexualité recouvre les notions :

- *de genre (masculin ou féminin) ;*
- *de sexualité infantile (aussi appelé « sexual » qui vise au contournement de l'interdit) ;*
- *de sexuel (qui inclut la dimension génitale, mais qui ne s'y réduit pas).*

- La question de la sexualité dans le grand âge

- *est imprégnée de l'expérience riche et particulière de chaque personne âgée ;*
- *doit prendre en compte les particularités de l'environnement ;*
- *comme à tout âge, n'a rien à gagner à être abordée en référence à une norme ;*
- *ne doit pas être réduite aux seuls processus de sublimation.*

- L'institution a une forte influence sur la sexualité des personnes âgées :

- *elle contribue fortement à la désérotisation des enjeux relationnels qui sont parasités par la composante intergénérationnelle et le peu de disponibilité psychique de la plupart des soignants ;*
- *elle met en scène un pacte dénégatif sur la composante sexuelle de la relation de soin, refusant à l'adulte âgé un étayage sexuel infantile, malheureusement interprété uniquement et systématiquement sur le mode du retour en enfance ;*
- *concernant la sexualité proprement dite, l'organisation gérontologique, en bafouant la pudeur et en interdisant toute intimité aux clients, ne la tolère que très difficilement et uniquement sur un mode « animal ».*

- Le concept de maltraitance, très en vogue actuellement, gagne à être pensé en référence à celui de sexualité parce que les deux notions font référence à des normes morales incertaines et parce qu'elles reposent sur des non-dits lourds de conséquences.

Deuxième partie

La maltraitance

Peut-on définir la maltraitance ?

Il est indispensable, avant de parler de maltraitance, de se poser la question de ce que recouvre ce concept.

Un exemple volontairement dérangeant et ambigu va nous permettre de souligner le risque et le peu d'intérêt des raccourcis moralisateurs lorsque l'on parle de maltraitance.

Raymonde a 29 ans et travaille comme aide soignante auprès de personnes âgées depuis l'obtention de son diplôme, il y a cinq ans.

Les racines de son intérêt pour ce travail lui paraissent obscures.

Aussi loin qu'elle arrive à remonter dans ses souvenirs il lui semble que les vieux l'ont toujours agacée, depuis sa grand-mère qui vivait avec eux et dont elle ne se souvient pas que du radotage incessant, jusqu'à la monitrice (« vieille peau ») qui lui avait fait redoubler son examen pour devenir aide-soignante !

Pourtant, elle n'a trouvé de travail que dans cet EHPAD !

Je n'aime pas les vieux mais les vieux me poursuivent dit-elle à ses collègues qui lui reprochent son comportement parfois violent avec les résidants.

Elle aurait aimé travailler avec les enfants, mais elle reconnaît être peu patiente et avoir de grosses difficultés pour s'occuper de ses deux garçons.

Raymonde n'a décidément que des soucis, alors qu'elle venait de quitter son compagnon qui, depuis cinq ans, la battait régulièrement lorsqu'il rentrait ivre, elle vient de s'apercevoir que son nouveau compagnon est parfois aussi très violent.

Décidément que ce soit les vieux ou les compagnons violents, elle les attire !

Pourtant entre Julie qui a 92 ans et qui vit dans l'EHPAD où travaille Raymonde, et cette dernière, les choses sont très compliquées.

Elles disent toutes les deux s'aimer beaucoup, et pourtant l'aide-soignante houspille la résidante du matin au soir. Il arrive même qu'elle insulte et bouscule Julie qui semble en être tout apeurée.

Mais dès que Raymonde n'est plus là (lorsqu'elle est en repos) Julie la réclame, refuse de s'alimenter et lorsque les autres aides-soignantes tentent de la sermonner pour qu'elle mange tout de même un peu, elle refuse et leur dit, les yeux pétillants de malice : « Qu'est ce qu'elle me mettrait, Raymonde, si elle était là ! »

Une définition officielle de la maltraitance

Voyons la définition « officielle » de la maltraitance[71] :

> *« Le terme de maltraitance envers les personnes âgées, Eldermistreatment selon la terminologie anglo-saxonne, recouvre différents types de violence. Selon le dictionnaire* Robert, *la violence se définit comme « agir sur quelqu'un ou le faire agir contre sa volonté en employant la force ou l'intimidation*[72]. »

Dès cette première définition on soupçonne un amalgame entre maltraitance et violence. Cette définition qui revendique ouvertement son origine anglo-saxonne est ambiguë probablement à la suite d'une maladresse de traduction.

En effet le terme « violence », en anglais, traduit principalement la violence physique[73]. La référence au dictionnaire *Le Robert* est donc totalement hors contexte.

> *« Elle se manifeste au détriment d'une personne âgée par une contrainte physique, psychologique, matérielle ou morale. L'intentionnalité de la contrainte n'est pas obligatoire et l'auteur peut ne pas être conscient de la gravité des conséquences de ses actes inadéquats.*
>
> *Deux concepts de base servent à décrire la maltraitance dans la littérature internationale : la négligence (neglect) et l'abus (abuse)*[74]. »

Là encore, nous sommes devant un « copié-collé » du concept de « mistreatment », avec une nouvelle confusion entre maltraitance et contrainte.

71. Comité national de lutte contre la maltraitance auprès des personnes âgées, 2005, (http://rhone-alpes.sante.gouv.fr/social/cdmaltraitance/pages/Rub01_sec2.htm).

72. http://rhone-alpes.sante.gouv.fr/social/cdmaltraitance/PDF/definition_plurielle1221.pdf

73. Georöid Cronin, *Dictionnaire Anglais-francais. Français-anglais*, Harrap's, 1997, p. 565.

74. http://rhone-alpes.sante.gouv.fr/social/cdmaltraitance/PDF/definition_plurielle1221.pdf

Dans la maltraitance, en effet, il y a basculement de la contrainte à la tyrannie.

Pour pouvoir suivre ce raisonnement, il faut accepter de reconnaître qu'un des principes fondateurs de l'humain est la contrainte :

C'est sous la contrainte conjuguée du milieu extérieur et de ses propres exigences « internes », que le petit enfant arrive à devenir adulte.

Un muscle ne se développe qu'à condition de lui en demander un peu trop, de le contraindre ce qui lui permet d'anticiper une prochaine demande en se renforçant un peu plus que nécessaire.

On ne peut exercer son esprit critique qu'en se contraignant à refuser les confortables idées toutes faites pour se risquer à penser différemment…

> *La définition de contrainte dans le* petit Larousse *est : « Pression morale ou physique exercée sur quelqu'un ou quelque chose ».*
>
> *Et, encore plus intéressant,* Le Robert historique de la langue française *ramène l'origine de ce mot au latin constringere « lier ensemble », « enchaîner »*[75].

Par contre, remarquons que lorsque l'on parle de violence, nous ne sommes alors plus dans le registre « liaison-déliaison », mais dans une problématique de **destruction du lien,** beaucoup plus angoissante car renvoyant à des contenus psychiques totalement incontrôlables

- *« La **négligence** est le défaut de subvenir aux besoins d'une personne âgée tant au niveau physique, psychologique, affectif, que spirituel. Elle peut être passive, par exemple, une non-intervention par manque de connaissances sur des chances de guérison, ou plus rarement active comme dans le refus d'assistance*[76]. »

Ce concept de négligence, mérite probablement d'être repéré et considéré « à côté » de celui de maltraitance.

- *« L'**abus** est un mode de contrainte volontaire et actif qui fait du mal sur le plan physique, psychologique ou sexuel ou du tort sur le plan financier. Pour* Le Robert *c'est « l'action d'abuser de quelque chose, l'usage mauvais, excessif d'une chose » ; pour Le Larousse « une mauvaise coutume qui s'est établie. »*

75. Alain Rey, *Dictionnaire historique de la langue française*, Le Robert, 1992, p. 875.

76. http://rhone-alpes.sante.gouv.fr/social/cdmaltraitance/PDF/definition_plurielle1221.pdf

La notion d'abus se rapporte à des actes plus sérieux, plus graves que la négligence, avec intention de causer du tort ou des dommages, de profiter d'autrui ou de ses biens. Elle inclut les abus de pouvoir, de faiblesse et d'autorité, et peut être le fait, autant du professionnel qui abuse de son statut pour imposer une décision, que de l'aidant naturel qui se trouve en position de force face au vieillard affaibli[77]. »

Là encore, il semble que nous soyons devant une interprétation « sauvage » de termes anglais transposés sans précautions. L'affirmation d'une gravité moindre dans la négligence que dans l'abus est gratuite et peu fondée. Cette hiérarchisation des périls induit une notion non assumée de qualité de nuisance selon l'intention du maltraitant.

En effet qu'est-ce qui est réellement **le plus grave pour la personne concernée ?** D'avoir un fils qui s'offre l'apéritif tous les jours sur la pension de retraite de sa maman (abus), ou d'être contrainte à attendre aux urgences sur un brancard pendant 36 heures équipé d'une « couche » parce qu'on n'a pas le temps de l'emmener aux toilettes (négligence) ?

Cet exemple montre bien que s'il existe une hiérarchie dans la maltraitance, elle est loin d'aller de soi.

Classifications

L'American Medical Association distingue sept grands types d'exercice de la maltraitance. Cette classification a été reprise par le Conseil de l'Europe en 1992.

- *Les maltraitances physiques sont constituées par des atteintes à l'intégrité physique de la personne : crimes, coups, blessures, brutalités, gifles, bousculades, escarres non ou mal soignées, contraintes physiques (ligotage au lit ou au fauteuil), sévices sexuels…*
- *Les maltraitances psychologiques, affectives, morales provoquent des souffrances émotionnelles et psychiques : dénigrement, menaces, langage grossier, insultes, familiarité, humiliation, infantilisation, chantage à l'affection…*
- *Les maltraitances financières : vie aux crochets de la personne âgée, encaissement abusif de chèques, rétention de pension, privation de toute maîtrise de ses ressources, privation de la*

77. *Ibid.*

jouissance de biens matériels (vêtements, bijoux, télévision, logement...), vente de bien, héritage anticipé...

- *Les victimisations portant atteinte aux droits des personnes : droit à la vie, à l'identité, à la sexualité, droit à l'expression, non-respect du libre-choix du mode de vie (placement autoritaire), de l'intimité, de la confidentialité du courrier, entraves à la liberté d'aller et venir, mise en œuvre abusive d'une mesure de protection juridique, détournement du droit de vote...pouvant conduire au déni de la dignité et du respect dus à tout être humain.*

- *Les maltraitances médicamenteuses : privation de médicaments nécessaires ou de soins, non-traitement de la douleur, ou, au contraire, imposition d'un traitement inapproprié, abus de médicaments, non-respect des prescriptions.*

- *Négligences actives qui consistent à ne pas répondre sciemment aux besoins de l'aîné, privations de nourriture, de boissons, des nécessités de la vie quotidienne...*

- *Négligences passives : elles proviennent d'un désintérêt et d'un manque d'attention aux besoins de la personne : abandons, oublis divers (des changes, des repas, toilettes, non-entretien du cadre de vie...) oubli, négligences relevant de l'ignorance, de l'inattention de l'entourage. Ces négligences sont le plus souvent dissimulées, banalisées, méconnues, d'autant qu'il est difficile de fixer la limite entre ce qui est de l'ordre de la « maltraitance » proprement dite et de la « négligence ».*

Il convient de souligner que ces différentes formes de victimisation sont souvent associées entre elles (exemple du port obligatoire de changes dans certains établissements, qui chronicise l'incontinence, provoque un sentiment d'humiliation, détruit l'estime de soi de la personne, augmente le risque d'escarres...). La gravité et la fréquence de ces victimisations tendent à augmenter avec le temps ; leurs conséquences variant en effet suivant qu'elles sont isolées ou multiples, volontaires ou non, ponctuelles ou récurrentes, exercées avec incompétence ou ignorance ou avec l'intention de nuire.

En somme, cette classification revient à une sériation des mauvais traitements d'un point de vue extérieur. On conviendra, et la conclusion le reconnaît, que les dimensions physiques, psychologiques, financières, juridiques, thérapeutiques, ne se distinguent pas vraiment les unes des autres. La considération entre négligences active et passive non plus.

En fait il s'agit de simples points de vues théoriques.

Sur le même mode de raisonnement, prenons un objet banal, par exemple une petite branche d'arbre ramassée dans une pelouse.

Cette simple baguette de bois pourra être perçue

- comme une rallonge de bras, pratique pour attraper un ballon coincé dans un arbre (dimension physique)
- comme une badine susceptible de servir à marquer une autorité (dimension psychologique)
- comme un objet de faible valeur marchande (dimension financière),
- comme l'objet d'un contentieux, avec un voisin qui l'avait vu avant vous et veut se l'approprier (dimension juridique)
- comme composée d'un bois d'une essence particulière susceptible de traiter les verrues par exemple.

Enfin cette baguette de bois pourra être négligée activement si l'on s'en sert comme levier pour soulever un rocher (avec la certitude de la casser). Elle pourra aussi être négligée passivement si on la laisse trainer dans le bois au risque de ne jamais la retrouver.

On constate que par toutes ces variations autour de notre baguette, nous n'avons que très peu avancé dans la compréhension de ce qu'est ce bout de bois, la superposition des nombreuses dimensions se révèle plus souvent contradictoires qu'éclairantes.

Ces circonvolutions autour d'un concept ne sont pas sans nous rappeler les multiples déclinaisons autour du complexe de castration précédemment évoqué.

Nous avions vu que, dans la connaissance psychanalytique, c'est par le dépassement de l'angoisse de castration que l'enfant arrive à se structurer et à s'épanouir.

> « *Aujourd'hui nous parlons encore de complexe, mais plus volontiers de "structure*[78]". »

Dans le champ du prendre soin auprès des personnes très âgées, nous voudrions proposer l'hypothèse selon laquelle le concept de maltraitance, sur le modèle du complexe de castration, a une **dimension structurante et fondatrice (en négatif, bien sûr) de l'identité soignante** dans le milieu particulier du très grand âge.

78. Jean Laplanche , *Problématique 2. Castration, symbolisations*, PUF, 1980, p. 179.

Dans l'établissement d'hébergement pour personnes âgées, « les Joyeux platanes », l'équipe soignante, composée d'aides-soignantes (pour la plupart très expérimentées), n'est, ni plus formidable, ni plus mauvaise qu'ailleurs.

Elle tente tant bien que mal de conjuguer au quotidien les difficultés des personnes hébergées avec leurs besoins et avec les exigences de fonctionnement de l'institution.

Mais les locaux des « Joyeux platanes » sont situés en annexe d'un centre hospitalier régional assez important.

Le personnel employé dépend donc d'une équipe de direction pléthorique qui ne comprend généralement pas grand-chose aux exigences du terrain en gérontologie.

À la suite d'une directive administrative, le responsable du service qualité décide de mettre en place une cellule « maltraitance ».

Sont invités à y siéger quelques membres du service du personnel, le médecin (qui décline l'invitation faute de temps), deux personnes du service qualité, la directrice des soins; deux soignantes devaient initialement rejoindre le groupe, mais devant la difficulté à établir les plannings avec deux personnes absentes une matinée par semaine, il fut convenu de se passer d'elles.

Les réunions de la cellule maltraitance ont donc débutées en ne réunissant que des personnes éloignées du « terrain ».

Les premiers travaux ont porté sur un protocole de signalement de la maltraitance. Il y était précisé que seul un cadre pouvait faire un signalement, ceci pour tenter d'éviter la délation. Personne dans la commission n'a pensé à réfléchir sur un moyen pour les résidants de signaler un comportement maltraitant (l'explication est peut-être historique, les résidants d'aujourd'hui sont les indigents, les incapables majeurs, d'hier).

Bien entendu, par ce canal hiérarchique, jamais aucun cadre n'a signalé quoi que ce soit, dans le secteur... dont il est responsable !

La commission a donc continué de travailler sur des questions moins procédurières.

Il a été décidé, notamment, que le tutoiement des résidants devait être prohibé, sans aucune exception, parce qu'il pouvait être compris comme manque de respect.

Une note de service a même été diffusée et... elle a déclenché un tollé !

Médecins, infirmières, kinésithérapeutes, aides-soignantes, assistantes sociales, agents des services hospitaliers, tous ont protestés avec véhémence contre cette généralisation abusive.

À la suite de cet événement, les soignants ont décidé de se réunir entre eux pour définir, à leur niveau, les critères de maltraitance.

Plusieurs facteurs ont été dégagés de façon consensuelle, le manque d'effectif dans les services obligeant le personnel de terrain à des cadences infernales, peu compatibles avec la patience et la douceur requise pour l'exercice de leur profession, le lourd travail administratif très prenant qui limite souvent la disponibilité des soignants, le cynisme désabusé de la plupart des membres du personnel, persuadés de n'avoir rien à gagner à faire leur métier consciencieusement, le manque de matériel et la division des tâches.

Ces soignants ont également été plus loin et, soucieux de positiver leur exercice professionnel qu'ils trouvent pour la plupart épanouissant, ont proposé à la direction, la création d'une commission « bientraitance » composée en majorité de personnels de terrain. Les préoccupations de cette seconde assemblée étaient beaucoup plus pragmatiques et réalistes que celles de la cellule maltraitance. Quelques-uns des thèmes de leurs travaux étaient, par exemple :

- comment rendre les repas plus attractifs et conviviaux ?

- est-il possible d'aménager l'organisation du travail afin de mieux répondre aux préférences des clients (horaires de lever, de coucher, sieste…) ?

- comment permettre aux soignants de participer à l'encadrement et à la réflexion sur l'animation, afin de leur permettre d'avoir avec les clients un contexte relationnel autre que simplement « hygiénique » ;

- comment permettre aux familles de ne pas se sentir uniquement spectatrice du prendre soin, mais d'y prendre part volontairement (dans des proportions raisonnables)…

Il va sans dire que le travail des bientraitants a, en deux ans de fonctionnement, largement supplanté, par la qualité et la quantité de ses recommandations, celui des spécialistes de la maltraitance qui se sont trouvés, au bout de 18 mois de réunions, des emplois du temps trop chargés pour persister dans leurs affabulations.

Avant de réfléchir à la maltraitance

Ce chapitre reprend certains concepts que nous avons déjà proposés dans un texte précédent[79].

Amalgames

À l'époque nous avions déjà rapproché les problématiques du harcèlement sexuel avec celles de la maltraitance des personnes âgées.

Dans les deux cas, en effet, nous avions constaté une surenchère dans la dénonciation qui empêche le repérage et le traitement de faits intolérables.

Par exemple, un universitaire canadien nous confiait récemment qu'au sein de son université il était fortement recommandé aux enseignants de laisser la porte ouverte lorsqu'ils s'entretiennent avec un étudiant de sexe opposé... afin de pouvoir faire intervenir d'éventuels témoins en cas d'accusation de harcèlement sexuel !

Ce principe de précaution disproportionné, nous semble de nature à créer un climat de suspicion peu propice à la sérénité du travail de collaboration entre « sachant et apprenant », mais aussi à atténuer la gravité des véritables manœuvres de harcèlement sexuel qui sont alors en quelque sorte, banalisées !

De la même façon, à invoquer la maltraitance en décryptant des banales situations déviantes du quotidien sur ce registre (nous avons le souvenir d'une formatrice qui utilisait comme paradigme de la maltraitance le fait de tirer un fauteuil roulant plutôt que de le pousser !), on risque fort (parce qu'en les regroupant sous le même terme, on les met implicitement dans le même registre) de dédramatiser des comportements autrement intolérables, comme frapper ou insulter un vieux !

Ambiguïtés

Les choses sont même encore plus complexes si l'on admet que dans la maltraitance comme dans le harcèlement sexuel, il existe une dimension ambi-

79. Nicolas Lépine, Bientraitance, maltraitance, de quoi traite-t-on ?, in *Silence on frappe*, collectif sous la direction d'Yves Gineste, Animagine, 2004, pp. 177-202.

guë qui, si elle n'excuse rien, complique terriblement la compréhension des phénomènes.

Isabelle est une militante de la première heure contre le harcèlement sexuel. Elle a même proposé, afin de dépister les abus, la description d'un portrait-robot du « harceleur » : au sommet de la réussite sociale, volontiers « macho », beau parleur, entre 40 et 50 ans.

Chose étrange, et qui la trouble beaucoup lorsqu'elle s'en aperçoit, cette description est aussi celle qu'elle aurait faite de « l'idéal masculin. »

La même complexité existe, concernant la question de la maltraitance.

Jeanne est très proche de sa maman, Cécile. Elles vivent toutes les deux ensembles et seules depuis la mort de leurs mari et père.

Lorsque Cécile, âgée de 85 ans, est hospitalisée en service de réadaptation à la suite d'une fracture du col du fémur, les soignants constatent, épouvantés, combien Jeanne malmène sa maman : elle l'insulte fréquemment, la pousse parfois, puis se réconcilie avec elle dans de bruyantes crises de larmes.

Cécile, elle, dit sans arrêt, à qui veut bien l'entendre que sa fille la maltraite et l'abandonne (malgré l'omniprésence de Jeanne ?).

À l'issue des soins de rééducation, il est décidé de « placer » en long séjour Cécile (qui a aussi quelques troubles cognitivo-mnésiques), pour la protéger de sa fille.

Jeanne, paraît presque soulagée de cette décision, rassurée de savoir qu'elle pourra continuer de venir voir sa maman quotidiennement.

Depuis maintenant trois ans que Cécile vit en institution, les soignants mesurent la complexité de la situation.

Cette dame âgée cherche perpétuellement à mettre ceux qui prennent soin d'elle en échec.

Les aides-soignantes sont contraintes de lui mettre une ceinture de maintien lorsqu'elle est assise, sinon, dès qu'elles ont le dos tourné, elle se jette en avant, le visage contre terre, en général se casse le nez, souvent s'ouvre l'arcade sourcilière et affirme immanquablement au médecin de garde qui vient la recoudre que ce sont « ces salopes d'infirmières » qui l'ont jetée par terre.

On imagine l'embarras des équipes.

Jeanne qui, grâce à l'institutionnalisation de sa maman, à pu prendre un peu de distance avec elle, gère maintenant beaucoup mieux la situation et n'a maintenant plus aucun mot ni geste déplaisant vis-à-vis de sa maman lors de ses visites quotidiennes.

Supports théoriques

Pour mieux comprendre les enjeux des relations entre humains, il est indispensable de présenter *deux concepts* fondamentaux et contradictoires, ceux de **pulsions de liaison** et de **pulsions de déliaison.**

Ces repères théoriques appartiennent au socle commun de connaissance de la psychologie clinique. Ils sont souvent présentés dans les termes de « pulsion de mort » et de « pulsion de vie ». Nous ne reprendrons pas cette terminologie parce que les utilisations des termes mort et vie ne correspondent pas à ce que recouvrent en réalité ces concepts et sont particulièrement confusiogènes lorsque l'on travaille effectivement aux limites de la vie et de la mort[80].

Au-delà de la querelle autour des mots, ce qui est fondamental à comprendre, c'est que les rapports humains, depuis la première jusqu'à la dernière minute de vie, sont sous-tendus par un tiraillement (dualisme pulsionnel) entre ce qui pousse à la liaison, à la rencontre, à l'entraide entre êtres humains et entre ce qui va vers la rupture, la déliaison, le quant-à-soi, la destruction de l'autre.

C'est dans cette **tension perpétuelle entre la fusion et l'individuation** que chaque être humain arrive à se construire comme sujet à la fois singulier et à l'image de ses semblables.

La simple expression « être humain » condense la richesse de cette conception.

« Être : est issu du latin populaire « essere », du latin classique « esse », qui se rattache comme le grec « einai » à une racine indoeuropéenne °es-,°s- « se trouver »...[81] » et signifie « exister ».

« Humain : reprend le sens « propre à l'homme » [82]. »

C'est Winnicott, qui a le mieux démontré l'importance de cette mise en tension entre liaison et déliaison indispensable à une éducation harmonieuse des enfants (par exemple) par leur mère[83].

80. Jean Laplanche, *Le fourvoiement biologisant de la sexualité chez Freud*, Les Empêcheurs de penser en rond, 1993.

81. Alain Rey, *Dictionnaire historique de la langue française*, Le Robert, 1992, p. 1332.

82. *Ibid.*, p. 1754.

83. Donald Woods Winnicott, *De la pédiatrie à la psychanalyse*, Payot, 1958.

Pour pouvoir accompagner son rejeton dans la vie, la mère doit en effet impérativement être soucieuse des désirs de celui-ci : elle doit les anticiper et les comprendre. Elle doit donc être **suffisamment bonne.**

Mais l'enfant apprend autant par la satisfaction de ses attentes que par la frustration de ne pas pouvoir obtenir tout ce qu'il désire. Il est important aussi pour lui de percevoir que sa mère n'est pas toute-puissante et est parfois faillible. C'est parce qu'il percevra les limites de sa maman qu'il pourra s'accepter lui-même malgré ses imperfections.

Si la mère perçoit toutes les attentes de son bébé et les anticipe presque toujours, on peut alors comprendre la difficulté pour ce petit d'exister en dehors du « programme maternel »... Winnicott a ainsi montré qu'une mère peut être **trop bonne** lorsqu'elle est presque infaillible, lorsqu'elle ne laisse pas suffisamment d'espace (psychique) de liberté à son enfant. Elle peut alors devenir « toxique », contraignant l'enfant à se développer en **faux-self,** c'est-à-dire non pas en équilibre entre ses propres exigences internes et la dure épreuve de la réalité des faits, mais entre cette dernière et les impératifs maternels.

Dans le champ du soin aux personnes âgées, ce dualisme pulsionnel existe aussi.

> Sandrine a été élevée par ses grands-parents. Son papa et sa maman étaient restaurateurs et avaient en effet très peu de disponibilité pour aller la chercher à l'école, lui faire faire ses devoirs, lui raconter des histoires le soir...
>
> Ce sont donc ses grands parents qui s'en chargeaient.
>
> Vu les horaires impossibles de ses parents, Sandrine, jusqu'à 16 ans, logeait dans la maison de son grand-père.
>
> Elle a aussi eu la chance de connaître son arrière-grand-mère qui elle aussi vivait dans cette maison, chez son fils.
>
> De cette enfance bercée par les vieilles personnes, il est resté à Sandrine une affection profonde pour les plus âgés.
>
> Contrairement à beaucoup de ses amies du même âge (elle a aujourd'hui 20 ans), elle comprend combien l'aventure de la vie est compliquée et semée d'embûches, même dans la vieillesse.
>
> Mais bien qu'elle ait un peu de peine à se le formuler, elle en a toujours vaguement voulu à ses grands parents d'avoir si souvent pris la « place » de ses parents.
>
> Elle a parfois la désagréable impression que son existence n'a jamais vraiment eu d'importance pour ses parents qui ont semblé n'avoir jamais modifié leur rythme de vie pour leur fille unique.

Situation rendue possible et même encouragée par le dévouement des grands-parents à prendre soin d'elle !

Sandrine est devenue infirmière.

Il n'est pas étonnant de la retrouver exerçant dans un service de gérontologie ou sa patience, sa douceur et l'empathie dont elle fait preuve avec les résidants font merveille.

Mais systématiquement, lorsqu'il y a des conflits entre les personnes hébergées et leurs enfants, Sandrine, ne peut s'empêcher d'apporter son « grain de sel » à la dispute, et comme par hasard, toujours pour donner tort aux plus âgés !

Il y a derrière cette étrange conduite, probablement un fond de règlement de compte par procuration entre Sandrine et son histoire avec ses grands-parents.

Contexte

Dans le milieu gérontologique, la notion de prendre soin est fondamentale. Elle permet de ne pas réduire la personne prise en charge à un simple « objet de soin », mais de la considérer comme un sujet singulier, certes demandeur de soin, mais pas uniquement.[84]

« - Prendre soin du corps : soulager les douleurs, laver, habiller, coiffer, raser, parfumer, maquiller, masser, toucher, caresser, aider à faire quelques pas, installer confortablement, soutenir un geste ébauché et l'accompagner dans son accomplissement.

- Prendre soin : écouter la plainte, la prendre en considération, écouter simplement, partager la confiance, recevoir une confidence, être complice, discuter, être proche sans parler, être présent, s'arrêter un moment, se laisser interpeller, répondre à l'appel.
- Prendre soin : un bonjour, un au-revoir, un sourire, un éclat de rire, un regard, une caresse, une bise, une main serrée, de la chaleur, de la tendresse.
- Prendre soin : consoler, prendre dans ses bras, recevoir la tristesse, le désespoir, l'angoisse, la colère, la douleur, l'agitation, l'agressivité, prendre des sueurs ensemble, apaiser, aimer.
- Prendre soin : reconnaître ses propres limites, passer la main au collègue, s'effacer, se mettre à nu dans la relation, être humble, accepter le refus,

84. Yves Gineste, Jérôme Pélissier, *Humanitude (comprendre la vieillesse, prendre soin des hommes vieux)*, Armand Colin, 2007, p. 252.

accepter l'opposition, ne pas imposer sa volonté de « bien faire », respecter la parole et le comportement de l'être humain en face de soi.

- Prendre soin : c'est boire un café ensemble, partager un dessert, s'asseoir côte à côte…
- Prendre soin : valoriser, ne rien attendre, prendre ce qui vous est donné, recommencer à chaque instant, chercher sans cesse le possible, ne pas s'arrêter au déficit qui s'accentue, à la perte, reconnaître la vie.
- Prendre soin n'est pas seulement : médicaments, injection pansements. Prendre soin n'est pas : guérir.
- Prendre soin : être prêt à rencontrer l'autre, accompagner au quotidien, s'accompagner l'un l'autre dans l'inconnu de la vie et de la mort[85]. »

Cette notion de prendre soin, pourtant déjà ancienne[86] semble pourtant aujourd'hui prendre une valeur très paradoxale.

La distinction entre « soin » et « prendre soin », si fondamentale pour les gérontologues, est en train de se retourner contre l'évidence du quotidien. Prendre soin, c'est plus que soigner, c'est s'engager dans une relation thérapeutique avec sa compétence médico-technique, mais aussi avec son vécu. Le prendre soin n'est pas un « non-soin » mais un soin plus total, plus global. C'est une façon d'utiliser humainement le soin, pas un déni de la nécessité de soin !

« Prendre soin, c'est donc assumer notre métier pour en faire peut-être le dernier rempart face à l'indifférence de notre monde, le dernier refuge de l'humanité de notre société[87]. »

Aujourd'hui par un étrange tour de passe-passe, il semble admis qu'une personne âgée, ne peut plus être handicapée mais est dépendante.

Encore une fois, le succès du terme « dépendance » en gérontologie mérite d'être interrogé.

En médecine, en général, lorsque l'on évoque la dépendance, les représentations sociales renvoient prioritairement à la toxicomanie :

« Dans cette acception, la dépendance est généralement associée à des images de déchéance, d'aliénation et d'animalité. Le « drogué » étant présenté comme ayant perdu totalement la maîtrise de sa vie et le contrôle de lui-même ; les qualités de volonté personnelle, de responsabilité et d'autonomie lui sont niées[88]. »

85. Pascale Morel-Vulliez, *Prendre soin c'est* (http://perso.orange.fr/cec-formation.net/toilettesinfirmieres.html).

86. Walter Hesbeen, *Prendre soin à l'hôpital. Inscrire le soin infirmier dans une perspective soignante*, Masson, 1997, 194 p.

87. Didier Sicard, *Prendre soin* (http://www.buddhaline.net/article.php3?id_article=836).

88. Marie Jauffrey-Roustide, Dépendance, in *Dictionnaire de la pensée médicale*, PUF, 2004, p.318.

Même si la dépendance gérontologique doit être comprise plus comme une incapacité à l'indépendance que comme le résultat d'une conduite addictive, on ne peut qu'être troublé par la similitude dans la déconsidération des personnes atteintes dans les deux cas ! Cette pernicieuse proximité lexicale, semble nous suggérer que, dans une certaine mesure, la dépendance des vieillards résulte d'un comportement de « sur-utilisation » des ressources environnementales (« ils sont drogués à se faire assister » disait une aide-soignante !).

Une autre escroquerie consiste à opposer soin et prendre-soin, et à prétendre que la personne âgée ne requiert donc plus de soins mais du prendre soin. Avec en filigrane, l'idée que le prendre soin peut être l'affaire de n'importe quelle personne de bonne volonté (surtout peu payée).

La tendance est de « parquer » les plus âgés dans des structures médico-sociales que l'on tire vers le social avec l'idée que le soin ne peut plus rien faire pour eux[89].

Ces abus sont les conséquences d'une vision particulière du vieillissement :

« La politique vieillesse qui va se mettre en place, en France, dans les années 1970, prend racine dans la philosophie du vieillissement énoncée par le rapport Laroque, qui lui-même reprend à son compte le discours dominant sur le vieillissement, depuis les années 1930, c'est-à-dire un discours **profondément négatif**[90]. »

Dans les établissements affectés aux personnes très âgées, si l'environnement soignant se complaît à scruter les problèmes cognitifs des résidants, il se soucie peu d'adapter la prise en charge en conséquence, notamment en fonction de l'évidence de l'intrication psychosomatique et de la présence systématique des multipathologies.

Un exemple de ce non-sens est la mutation des anciennes maisons de retraite en EHPAD (Établissement d'hébergement pour personnes âgées dépendantes), par le biais de signature de conventions tripartites. Ces accords qui prétendent reposer sur la qualité de la prise en charge des clients visent surtout à découper les prestations afin de limiter les apports des collectivités. On distingue alors les prestations de soin (prise en charge **forfaitairement** par l'assurance maladie), celles liées à la dépendance (ce qui relève du prendre-soin !) et celles relevant de l'hébergement (supportées par le client). On conviendra que cet effort de dislocation administrative, largement cautionnée par le pouvoir médical, coïncide mal avec la réalité du terrain.

89. Jérôme Pélissier, *La nuit, tous les vieux sont gris*, Daniel Radford, 2003.

90. Bernard Ennuyer, La question des « personnes âgées », un sujet très « mal traité », in *Vieillards martyrs, vieillards tirelires*, Médecine et Hygiène, 1999, p.122.

Jacques est un homme seul relativement jeune (71 ans) atteint d'une maladie neurologique grave et évolutive qui n'atteint pas ses capacités cognitives. À l'issu d'une nouvelle « poussée inflammatoire », malgré une autonomie en fauteuil roulant, relativement bien préservée, il sombre dans une phase de dépression. Il fait alors un bref séjour dans un service de soins de suite et de réadaptation au cours duquel, compte tenu de son moral défaillant, il progresse peu. L'équipe soignante le juge alors trop fragile pour retourner à domicile et lui propose, comme unique alternative, un « placement » en EHPAD. Ceci pour bénéficier de surveillance médicale, de soins, d'aides pour les activités de la vie quotidienne ainsi que d'un toit, d'un lit et de repas régulier. Pour bénéficier de ces « somptueuses » prestations, Jacques devra débourser 54 euros par jour soit environ 1 620 euros par mois pour financer son hébergement et une partie de sa dépendance (l'autre partie étant prise en charge par le Conseil général). Comme il touche une petite retraite de 1 051 euros par mois (en 2007 la retraite moyenne en France est de 1 121 euros) et qu'il n'a pas d'enfants susceptibles de compléter son loyer, il lui faut accepter que l'on vende son petit appartement… ce qui lui interdira de retourner chez lui s'il va mieux. Mais il est recommandé à Jacques de ne pas se plaindre de son destin parce qu'il a soi-disant eu beaucoup de chance d'avoir trouvé si vite une place en institution !

Cet aboutissement a pour seule et unique cause le fait que Jacques soit malade. Sa « dépendance » et sa demande d'hébergement ne sont que les conséquences de sa maladie. En somme cette manipulation administrative semble avoir pour effet de vouloir lui « faire payer », non plus métaphoriquement, mais réellement, le fait d'être malade !

Dans ces repères d'extrêmes séjours, les tutelles se donnent bonne conscience en promulguant d'hallucinantes chartes qui posent des principes… à des années-lumière de la réalité du terrain.

Par exemple, à la lumière de la banale situation de Jacques que nous venons de décrire (et qui aurait été encore plus dérangeante, surtout concernant son adhésion au placement, s'il avait eu des troubles cognitifs), la lecture de la belle déclaration d'intention de la charte des droits et libertés de la personne âgée dépendante met mal à l'aise.

Le document qui suit est celui qui est affiché encore aujourd'hui dans les EHPAD. Toutefois, fin 2007, la Fédération nationale de gérontologie a proposé pour le vingtième anniversaire de cette charte une nouvelle version moins idéaliste intitulée : « Charte des droits et libertés de la personne âgée en situation de handicap ou de dépendance ».

Charte des droits et libertés de la personne agée

Article I - Choix de vie

Toute personne âgée dépendante garde la liberté de choisir son mode de vie.

- Elle doit pouvoir profiter de l'autonomie permise par ses capacités physiques et mentales, même au prix d'un certain risque. Il faut l'informer de ce risque et en prévenir l'entourage.
- La famille et les intervenants doivent respecter le plus possible son désir profond.

Article II - Domicile et environnement

Le lieu de vie de la personne âgée dépendante, domicile personnel ou établissement, doit être choisi par elle et adapté à ses besoins.

- La personne âgée dépendante ou à autonomie réduite réside le plus souvent dans son domicile personnel. Des aménagements doivent être proposés pour lui permettre de rester chez elle.
- Lorsque le soutien au domicile atteint ses limites, la personne âgée dépendante peut choisir de vivre dans une institution ou une famille d'accueil qui deviendra son nouveau domicile.
- Un handicap mental rend souvent impossible la poursuite de la vie au domicile. Dans ce cas l'indication et le choix du lieu d'accueil doivent être évalués avec la personne et avec ses proches. Ce choix doit rechercher la solution la mieux adaptée au cas individuel de la personne malade.
- Son confort moral et physique, sa qualité de vie doivent être l'objectif constant, quelle que soit la structure d'accueil.
- L'architecture des établissements doit être conçue pour répondre aux besoins de la vie privée. Un espace doit être organisé pour favoriser l'accessibilité, l'orientation, les déplacements et garantir les meilleures conditions de sécurité.

Article III - Une vie sociale malgré les handicaps

Toute personne âgée dépendante doit conserver la liberté de communiquer, de se déplacer et de participer à la vie de la société.

- Les urbanistes doivent prendre en compte le vieillissement de la popula tion pour l'aménagement de la cité.
- Les lieux publics et les transports en commun doivent être aménagés pour être accessibles aux personnes âgées, ainsi qu'à tout handicapé et faciliter leur participation à la vie sociale et culturelle.
- La vie quotidienne doit prendre en compte le rythme et les difficultés des personnes âgées dépendantes, que ce soit en institution ou au domicile.
- Toute personne âgée doit être informée de façon claire et précise sur ses droits sociaux et sur l'évolution de la législation qui la concerne.

Article IV - Présence et rôle des proches

Le maintien des relations familiales et des réseaux amicaux est indispensable aux personnes âgées dépendantes.

- Le rôle des familles, qui entourent de leurs soins leurs parents âgés dépendants à domicile, doit être reconnu. Ces familles doivent être soutenues dans leurs tâches notamment sur le plan psychologique.
- Dans les institutions, la coopération des proches à la qualité de vie doit être encouragée et facilitée. En cas d'absence ou de défaillance des proches, c'est au personnel et aux bénévoles de les suppléer.
- Une personne âgée doit être protégée des actions visant à la séparer d'un tiers avec qui, de façon mutuellement consentie, elle entretient ou souhaite avoir une relation intime.
- La vie affective existe toujours, la vie sexuelle se maintient souvent au grand âge, il faut les respecter.

Article V - Patrimoine et revenus

Toute personne âgée dépendante doit pouvoir garder la maîtrise de son patrimoine et de ses revenus disponibles.

- Elle doit pouvoir en disposer conformément à ses désirs, sous réserve d'une protection légale, en cas de dépendance psychique.
- Il est indispensable que les ressources d'une personne âgée soient complétées lorsqu'elles ne lui permettent pas d'assumer le coût des handicaps.

Article VI - Valorisation de l'activité

Toute personne âgée dépendante doit être encouragée à conserver des activités.

- Des besoins d'expression et des capacités d'accomplissement persistent, même chez des personnes âgées qui ont un affaiblissement intellectuel sévère.
- Développer des centres d'intérêt évite la sensation de dévalorisation et d'inutilité. La participation volontaire à des réalisations diversifiées et valorisantes (familiales, mais aussi sociales, économiques, artistiques, culturelles, associatives, ludiques, etc.) doit être favorisée.
- L'activité ne doit pas être une animation stéréotypée, mais doit permettre l'expression des aspirations de chaque personne âgée. Une personne âgée mentalement déficitaire doit pouvoir participer à des activités adaptées.
- Les activités infantilisantes ou dévalorisantes sont à rejeter.

Article VII - Liberté de conscience et pratique religieuse

Toute personne âgée dépendante doit pouvoir participer aux activités religieuses ou philosophiques de son choix.

- Chaque établissement doit disposer d'un local d'accès aisé, pouvant servir de lieu de culte, et permettre la visite des représentants des diverses religions.
- Les rites et usages religieux s'accomplissent dans le respect mutuel.

Article VIII - Préserver l'autonomie et prévenir

La prévention de la dépendance est une nécessité pour l'individu qui vieillit.

- La vieillesse est un état physiologique qui n'appelle pas en soi de médicalisation. La dépendance physique ou psychique résulte d'états pathologiques, dont certains peuvent être prévenus ou traités.
- Une démarche médicale préventive se justifie donc, chaque fois que son efficacité est démontrée.
- Les moyens de prévention doivent faire l'objet d'une information claire et objective du public, en particulier des personnes âgées, et être accessibles à tous.

Article IX - Droit aux soins

Toute personne âgée dépendante doit avoir, comme toute autre, accès aux soins qui lui sont utiles.

- Aucune personne âgée ne doit être considérée comme un objet passif de soins, que ce soit au domicile, en institution ou à l'hôpital.
- L'accès aux soins doit se faire en temps utile en fonction du cas personnel de chaque malade et non d'une discrimination par l'âge.
- Les soins comprennent tous les actes médicaux et paramédicaux qui permettent la guérison chaque fois que cet objectif peut être atteint.
- Ces soins visent aussi à rééduquer les fonctions et compenser les handicaps.
- Ils s'appliquent à améliorer la qualité de vie en soulageant la douleur, à maintenir la lucidité et le confort du malade, en réaménageant espoirs et projets.
- L'hôpital doit donc disposer des compétences et des moyens d'assurer sa mission de service public auprès des personnes âgées malades.
- Les institutions d'accueil doivent disposer de locaux et de compétences nécessaires à la prise en charge des personnes âgées dépendantes, en particulier dépendantes psychiques.
- Les délais administratifs abusifs qui retardent l'entrée dans l'institution choisie doivent être abolis.
- La tarification des soins doit être déterminée en fonction des besoins de la personne âgée dépendante, et non de la nature du service ou de l'établissement qui la prend en charge.

Article X - Qualification des intervenants

Les soins que requiert une personne âgée dépendante doivent être dispensés par des intervenants formés, en nombre suffisant.

- Une formation spécifique en gérontologie doit être dispensée à tous ceux qui ont une activité professionnelle qui concerne les personnes âgées. Cette formation doit être initiale et continue, elle concerne en particulier, mais non exclusivement, tous les corps de métiers de la santé.
- Ces intervenants doivent bénéficier d'une analyse des attitudes, des pratiques et d'un soutien psychologique.

Article XI - Respect de la fin de vie

Soins et assistance doivent être procurés à la personne âgée en fin de vie et à sa famille.

- Certes, les affections sévères et les affections mortelles ne doivent pas être confondues : le renoncement thérapeutique chez une personne curable constitue un risque aussi inacceptable que celui d'un acharnement thérapeutique injustifié. Mais, lorsque la mort approche, la personne âgée doit être entourée de soins et d'attentions adaptés à son état.
- Le refus de l'acharnement ne signifie pas un abandon des soins mais doit, au contraire, se traduire par un accompagnement qui veille à combattre efficacement toute douleur physique et à prendre en charge la douleur morale.
- La personne âgée doit pouvoir terminer sa vie naturellement et confortablement, entourée de ses proches, dans le respect de ses convictions et en tenant compte de ses avis.
- Que la mort ait lieu au domicile, à l'hôpital ou en institution, le personnel doit être formé aux aspects techniques et relationnels de l'accompagnement des personnes âgées et de leur famille avant et après le décès.

Article XII - La recherche : une priorité et un devoir

La recherche multidisciplinaire sur le vieillissement et la dépendance est une priorité.

- Seule la recherche peut permettre une meilleure connaissance des déficiences et des maladies liées à l'âge et faciliter leur prévention.
- Une telle recherche implique aussi bien les disciplines biomédicales et de santé publique que les sciences humaines et les sciences économiques.
- Le développement d'une recherche gérontologique peut à la fois améliorer la qualité de vie des personnes âgées dépendantes, diminuer leurs souffrances et les coûts de leur prise en charge.
- Il y a un devoir de recherche sur le fléau que représentent les dépendances associées au grand âge. Il y a un droit pour tous ceux qui en sont ou en seront frappés à bénéficier des progrès de la recherche.

Article XIII - Exercice des droits et protection juridique de la personne

Toute personne en situation de dépendance doit voir protégés non seulement ses biens mais aussi sa personne.

- Ceux qui initient ou qui appliquent une mesure de protection ont le devoir d'évaluer ses conséquences affectives et sociales.
- L'exercice effectif de la totalité de leurs droits civiques doit être assuré aux personnes âgées y compris le droit de vote, en l'absence de tutelle.
- La sécurité physique et morale contre toutes agressions et maltraitances doit être sauvegardée.
- Lors de l'entrée en institution privée ou publique ou d'un placement dans une famille d'accueil, les conditions de résidence doivent être garanties par

un contrat explicite, la personne âgée dépendante peut avoir recours au conseil de son choix.

- Tout changement de lieu de résidence ou même de chambre doit faire l'objet d'une concertation avec l'intéressé(e).
- Lors de la mise en oeuvre des protections prévues par le Code civil (sauvegarde de justice, curatelle ou tutelle), il faut considérer avec attention que :
  - le besoin de protection n'est pas forcément total, ni définitif ;
  - la personne âgée dépendante protégée doit pouvoir continuer à donner son avis chaque fois que cela est nécessaire et possible ;
  - la dépendance psychique n'exclut pas que la personne âgée puisse exprimer des orientations de vie et doive toujours être informée des actes effectués en son nom.

Article XIV - L'information, meilleur moyen de lutte contre l'exclusion

L'ensemble de la population doit être informé des difficultés qu'éprouvent les personnes âgées dépendantes.

Cette information doit être la plus large possible. L'ignorance aboutit trop souvent à une exclusion qui ne prend pas en compte les capacités restantes ni les désirs de la personne.

- L'exclusion peut résulter aussi bien d'une surprotection infantilisante que d'un rejet ou d'un refus de la réponse aux besoins.
- L'information concerne aussi les actions immédiates possibles.
- L'éventail des services et institutions capables de répondre aux besoins des personnes âgées dépendantes est trop souvent méconnu, même des professionnels.
- Faire toucher du doigt la réalité du problème et sa complexité peut être une puissante action de prévention vis-à-vis de l'exclusion des personnes âgées dépendantes et peut éviter un réflexe démissionnaire de leur part.

Parallèlement, à ces déclarations de bonnes intentions, on assiste à une réforme du fonctionnement hospitalier pour l'adapter aux populations monopathologiques curables en insistant sur la gêne au bon fonctionnement institutionnel généré par les vieux.

Le nouveau mode de financement des services dits de « courts séjours » (T2A ou TAA, c'est-à-dire tarification à l'activité) s'accommode bien mal des personnes âgées polypathologiques isolées socialement… et qui, même si elles sont relativement peu gourmandes en « actes techniques » (qui servent de base au financement par l'activité) ont néanmoins besoin de « prendre soin ».[91]

91. Voir à ce propos une question du parlementaire Axel Poniatowski, Député du Val-d'Oise, le 9 janvier 2007, à propos de la situation financière d'un établissement gériatrique (http://www.ump.assemblee-nationale.fr/article.php3?id_article=6293).

La volonté de stigmatiser nos aînés comme formant un « groupe à problème » a été mise en évidence lorsqu'a été prise la décision de contraindre l'ensemble de la population à travailler un jour de printemps supplémentaire.

Et dans cette situation hypocrite, la société hésite sur son opinion envers les « preneurs soignants » : anges immatériels auxquels il serait impudent de reconnaître une compétence autre que celle du cœur, ou immondes bataillons de maltraitants pervers ?

La bientraitance comme idéal

Dans un souci de « positiver » les rapports des soignants avec les très âgés, et d'éviter de considérer *a priori* tout individu en blouse comme un maltraitant potentiel, le concept de bientraitance semble avoir un succès croissant ces dernières années[92].

Cette démarche est louable et vise à prévenir l'obsession thérapeutique si banale en gériatrie et dénoncée par Bourdelais[93], cet abord des problématiques du grand âge par un point de vue uniquement défectologique.

Dans un autre champ de savoir, celui du sport par exemple, il ne viendrait à l'idée de personne de ne considérer les exploits de Jeannie Longo, cycliste réputée, que par les risques de blessures qu'ils lui font encourir !

Pourtant, ce renversement conceptuel (du mal au bien) nous renvoie à une conception binaire ou manichéenne des enjeux soignant qui, particulièrement dans le champ gérontologique, peut mettre mal à l'aise, ne serait-ce que parce que :

> « Toute situation de dépendance est une violence, une maltraitance de fait[94]. »

Certains vont même plus loin en affirmant :

> « Nous pouvons toujours craindre que ce soit au moment où un professionnel ou une équipe se proclament eux même « bientraitants » que commence la maltraitance. Se voir bientraitant permet d'ignorer la violence que représente la situation de dépendance, la mise sous emprise .../... La bientraitance ne peut être qu'un objectif[95]. »

Nous ne reviendrons pas sur le risque qu'il y a à se positionner socialement comme des chevaliers blancs défenseurs des forces du bien sur celle du mal.

Lutter contre le mal, ne veut pas automatiquement dire faire du bien.

92. Yves Gineste (collectif sous la direction de), *Silence on frappe*, Animagine, 2004.

93. Patrice Bourdelais, *L'âge de la vieillesse*, Odile Jacob, 1993, p. 335.

94. Robert Moulias, Hervé Beck, Peut-on définir la bientraitance ?, in *Gerontologie n°138, Les Amis de la revue Gérontologie*, 2006, p 28.

95. *Ibid.*, p. 31.

Par exemple, ce n'est pas parce qu'on lutte pour l'abolition de la torture dans un régime totalitaire que l'on va faire du bien aux ressortissants de cet État. Éviter qu'on leur fasse du mal ce n'est pas la même chose que leur faire du bien ! Il est très restrictif de ramener le bien à l'absence de mal !

Allons nous tenter de répéter, avec les établissements pour personnes âgées, les mêmes approximations que celles qui ont été mise en évidence il y a une quinzaine d'années dans les institutions pour enfants et adolescents ?

Oublierons-nous que :

> « L'institution sécrète la violence en réponse aux symptômes de l'usager[96] » ?

Dans toutes les institutions :

> « La violence naît de l'impossibilité d'exercer notre désir de réparer et d'adapter à notre idéal les « enfants » que la société nous confie « pour leur bien », de les transformer plutôt que de les laisser s'épanouir tels qu'ils sont, avec leurs qualités et leurs défauts[97]. »

---

96. Stanislaw Tomkiewicz, Pascal Vivet, *Aimer mal, châtier bien*, Le Seuil, 1991, p. 225.

97. *Ibid.*, p. 225.

Sexualité et maltraitance

De ce qui précède, on se rend compte de la difficulté qu'il y a à prétendre pouvoir définir la maltraitance en dehors du contexte et de chaque situation particulière.

La courte histoire de la maltraitance des personnes âgées, a d'ailleurs montré combien la réalité des faits était complexe et éloignée des discours démagogiques des « technocrates » de la gérontologie.

Marcel a de sérieux troubles cognitivo-mnésiques. Il est très désorienté dans le temps et dans l'espace, mais pourvu d'un naturel jovial et fataliste, il paraît tolérer relativement bien ses déficits. Son épouse, par contre, n'a pas la même sérénité que son mari, elle est très inquiète et surprotectrice pour lui.

Lors des hospitalisations (fréquentes !) de Marcel, elle est à l'affût de tout ce qui ne va pas... voire même de ce qui pourrait ne pas aller !

À la maison aussi, elle gère tout le quotidien à la place de son époux. Elle explique aux médecins ce qu'il convient de prescrire, aux infirmières comment faire les pansements...

Ce qui est plus inquiétant, c'est qu'elle impose un régime à son mari parce qu'elle le trouve trop gros, qu'elle lui interdit de boire autre chose que de l'eau gélifiée parce qu'une ou deux fois il a toussé en buvant son verre de vin un peu vite, qu'elle lui conseille de rester en pyjama la journée parce que « c'est plus pratique pour changer les couches » (sic)...

Mais ce que l'on ne peut nier, c'est que cette femme consacre 200 % de son temps à prendre soin de son mari, de façon clairement un peu perverse, mais qui paraît convenir à Marcel qui semble très heureux de la situation et est toujours très content de voir arriver sa « dulcinée » lorsqu'il est à l'hôpital.

Lors de son dernier séjour en service de médecine, l'inquiétude des soignants est pourtant montée d'un cran lorsque les infirmières du service de soins à domicile ont téléphoné pour signaler que plusieurs fois elles ont été choquées de la sévérité avec laquelle Marcel était « rudoyé » par sa femme. Plusieurs soignantes sont même convaincues de l'avoir vu faire des gestes suspects comme celui de tenter de pousser son mari dans les escaliers.

Mais à ce jour, Marcel n'est jamais tombé.

Les infirmières du service de soins infirmiers à domicile (SSIAD), intarissables sur la perversité de madame, refusent pourtant de faire le moindre signalement de maltraitance, parce qu'elles disent avoir des doutes mais aucune certitude.

Marcel rentre alors chez lui à l'issue de son hospitalisation, parce que c'est clairement leur désir, le sien et celui de sa femme.

On retrouve bien cette ambiguïté sur la question de la maltraitance dans la difficulté qu'il y a, dans le contexte institutionnel, à signaler des faits intolérables sans quasi-systématiquement perdre son emploi[98].

Mais le risque est grand tout de même d'en arriver à l'autre extrême qui serait de prétendre que la maltraitance n'existe jamais.

Malheureusement, c'est pourtant loin d'être le cas.

Faisons le parallèle avec la maltraitance infantile. S'il existe un consensus (très lié aux pratiques sociales en vigueur au moment et dans le lieu concerné) sur la nécessaire contrainte indispensable à l'éducation des enfants, il existe aussi un accord social implicite sur la limite à ne pas franchir pour ne pas être maltraitant.

Par exemple, si dans la société actuelle, priver un enfant de dessert pour le punir d'une grosse bêtise est concevable, par contre tout le monde est d'accord pour trouver qu'il est inadmissible de ne pas donner à manger à un enfant pendant 24 heures au même motif.

Chez les enfants (et chez les personnes âgées aussi), la principale question posée par la maltraitance est celle de **la norme.**

Rappelons-nous que c'est sur cette même question de la normalité qu'il avait été difficile de trancher à propos de la sexualité (après avoir écrit que « la norme n'existe pas », nous avons été obligés de réfléchir sur les « limites de l'absence de normes »).

98. Yves Gineste, Rosette Marescotti, La violence en institution pour les personnes âgées, du constat aux solutions, ?, in *Silence on frappe*, collectif sous la direction d'Yves Gineste, Animagine, 2004, pp. 15-67.

Un fameux gériatre : Michel Cavey[99], au terme d'une démarche exploratoire rigoureuse[100] dans un établissement d'hébergement pour personnes âgées, nous donne quelques clés pour mieux comprendre ce qui se joue dans la maltraitance[101].

Tout d'abord, il remarque que la question de la maltraitance est toujours une question secrète :

> *«... nombreux sont les soignants qui décrivent ce qu'ils font en cas de maltraitance. Certains en parlent entre eux. D'autres vont jusqu'à dire qu'ils agissent auprès du collègue réputé fautif. La maltraitance fait tellement partie de leur quotidien qu'ils se sont organisés.*
>
> *Là où les choses se compliquent, c'est que cette organisation est largement secrète[102]... »*

Voici un deuxième parallèle avec la question de la sexualité. Ce « goût du secret », a une parenté avec la dimension intime, que nous avons vue si précieuse pour pouvoir s'aimer soi-même avec ses défauts et ses qualités.

Rappelons que, sur la question, nous avions postulé que lorsque l'on est dans l'intimité, on est dans la frontière, non pas entre le monde interne et le monde extérieur, mais entre le personnage que l'on est avec ses contradictions et ses ambivalences et la personne que l'on accepte d'être.

Ici, sur la question de la maltraitance, dans le contexte de l'institution gérontologique, il semble justement qu'il y ait méprise du côté soignant.

Comme si, sous la férule du dogme institutionnel, la personne n'avait plus de possibilité d'introspection et de recadrage de son attitude, mais uniquement le recours de partager et de cacher la déviance.

Il semble que ce soit principalement du fait des carences structurelles du dispositif institutionnel s'appuyant sur l'idéologie leurrante de son projet.

---

99. Michel Cavey, *Une enquête sur la maltraitance 1 : le questionnaire*, (http://michel.cavey-lemoine.net/article.php3?id_article=14).

100. Michel Cavey, *Une enquête sur la maltraitance 2 : le cas clinique*, (http://michel.cavey-lemoine.net/article.php3?id_article=15).

101. Michel Cavey, *Une enquête sur la maltraitance 3 : discussion*, (http://michel.cavey-lemoine.net/article.php3?id_article=16).

102. *Ibid.*

Pour dire les choses plus simplement, il est impossible de maintenir dans le rêve et l'illusion du quotidien des gens renvoyés, réellement, chaque jour, à leurs limites et à leur impuissance. Mais s'ils sont obligés de faire croire que le merveilleux repose sur leurs épaules, ils seront contraints (à leurs dépens) à **se réfugier dans le mensonge et le secret.**

Un peu plus loin, Michel Cavey, insiste sur le fait que, dans la question de la maltraitance, les soignants, en prise avec leur propre souffrance et en particulier avec leur culpabilité et leur impuissance, ont finalement très peu de possibilités de dégagement.

Et ceci d'autant plus que, paradoxalement, la maltraitance est abordée comme une affaire de famille :

> *« L'un des points les plus remarquables de cette étude est une découverte : les soignants ont tendance à envisager la maltraitance comme une affaire de famille*[103]. »

Là aussi, il nous semble que nous arrivons à un point essentiel de la question de la maltraitance. Car le sujet de la sexualité relève souvent du secret de famille partagé, sans pour autant qu'il y soit possible d'en parler. Comme pour la dimension érotique des soins, il n'est pas exagéré de parler de pacte dénégatif sur ce sujet !

Nous avons vu dans le chapitre précédent que la vaste question de la sexualité s'origine entre père et mère, entre interdits et frustrations, entre tabous et transgressions, au sein de la famille.

Il est probable que la compréhension de cette articulation entre sexualité et maltraitance nous donne quelques éléments pour mieux saisir la complexité mutuelle de ces deux phénomènes.

103. *Ibid.*

Activité et passivité

Nous avons déjà évoqué (voir « le sexual dans l'institution gériatrique »), l'importance du stade anal pour permettre à l'enfant de structurer son environnement de façon ambivalente mais simple (ce qui est bien, ce qui est mal ; les gentils, les méchants ; les grands, les petits...).

C'est aussi à cette période du stade anal que s'instaure une relation au monde (que l'on nomme en psychanalyse relation d'objet) très marquée par l'opposition du couple activité-passivité.

Classiquement, on repère la position active comme plus masculine, et la position passive comme plus marquée du côté féminin.

Ce dualisme n'est pas si farfelu que cela puisqu'il se retrouve jusque dans le vocabulaire :

Un homme met sa femme enceinte, laquelle... tombe enceinte de son mari !

Dans une phase ultérieure d'organisation, cette opposition actif-passif sera progressivement remplacée par un antagonisme masculin - féminin au sens sexué du terme[104].

Parallèlement à la construction de ces deux mondes opposés et complémentaires, s'instaure aussi un jeu relationnel entre sadisme et masochisme.

Par exemple, il est une relation bien connue entre sadisme et masochisme : celle qu'utilise l'enfant qui se comporte de façon très active et agressive afin de provoquer les autres à le battre.

Cette opposition féconde entre activité et passivité prend toute son importance dans le cadre des institutions hébergeant des personnes âgées du fait de la féminisation importante du métier de soignant ; à ce propos il est utile de revenir sur la question de la tendresse dans les soins.

Nous allons voir que sur ces deux sujets, il est question d'équilibre précaire dont la rupture peut conduire à la maltraitance.

La féminisation du métier de soignant

Sans revenir sur les difficultés à gérer en même temps leur quotidien personnel, professionnel et familial, pour les femmes jeunes qui travaillent en EHPAD ou à domicile, il nous faut insister sur les conséquences de ce mal-être féminin.

Les métiers du soin, surtout lorsqu'ils s'exercent dans une dimension plus totale de « prendre-soin », nécessitent une disponibilité à la rencontre, une

104. Jean Bergeret, *Psychologie pathologique*, Masson, 1972, pp. 17-18.

qualité d'écoute qui impliquent une certaine liberté psychique, une impression d'avoir le choix entre diverses attitudes à tenir.

Certains parlent d'ailleurs d'un « savoir-être » aussi important que le « savoir-faire »[105]. Nous reviendrons sur ce concept.

Par ailleurs, nous sommes dans un système socio-culturel dans lequel il était incontestable que le féminin était plus marqué du côté de la passivité.

Bien entendu, pas la passivité au sens de ne rien faire, mais la passivité vis-à-vis de la succession des événements, induisant des difficultés à faire de réels choix (parfois du fait de l'absence d'alternatives).

Par exemple, même si, dans les stéréotypes véhiculés par les médias, il est correct d'admettre que l'homme partage les tâches ménagères et l'éducation des enfants avec son épouse qui a ainsi la possibilité de s'épanouir aussi dans sa vie professionnelle, il faut reconnaître que la réalité est toute autre. La réussite des femmes au travail et la répartition des tâches ménagères sont plutôt des exceptions que des évidences[106].

Il ne faut pas comprendre cette « passivité féminine » comme une interprétation machiste.

Dire que les hommes et les femmes sont différents ne veut pas dire que les unes valent moins que les uns, ou l'inverse.

Ce dont il est question c'est d'une propension féminine, plus que masculine, à la fatalité vis-à-vis des événements. L'activité, plus masculine, pousse en général à la révolte, à l'agressivité. Bien entendu, il y a des situations dans lesquelles la passivité, qui permet plus facilement d'assimiler de « nouvelles donnes » rapidement est préférable, dans d'autres, la révolte seule permet d'évoluer.

La question de la passivité féminine est hautement liée à l'environnement dans lequel sont éduquées les personnes à ce que l'on a appelé le genre sexuel.

Nous avons vu dans la première partie de cet ouvrage que le genre sexuel s'il est un peu dépendant de la biologie est surtout très lié à la culture et à l'environnement psycho-social.

Il faut rappeler aussi que les tendances masculines et féminines coexistent chez tous les individus : hommes ou femmes.

Cette tendance à la passivité, si elle est en général plus marquée du côté féminin, peut aussi dominer chez des hommes.

105. Marie Rajablat, La toilette : un savoir-faire et un savoir-être (http://www.serpsy.org/piste_recherche/mediations/corps.html).

106. INSEE, *Femmes et hommes ; regards sur la parité*, Insee, collection référence, 2004.

Reste que l'histoire de l'institution hospitalière demeure très marquée par ce versant fataliste « féminin ».

> « À l'origine, l'hôpital est sans rapport direct avec la santé, mais en relation directe avec la charité chrétienne, le principe étant que tout établissement ou toute fonction ecclésiastique devait consacrer le quart de ses revenus aux pauvres. Avant l'urbanisation du XIIe siècle, les monastères inscrivaient leurs pauvres sur un registre (une matricule) et les pauvres « immatriculés » venaient recevoir régulièrement leurs secours[107]. »

Il était à l'époque beaucoup plus question de gérer la misère, sans pouvoir faire grand-chose pour l'éradiquer.

À l'opposé, aujourd'hui, l'hôpital moderne se veut le lieu de tous les exploits, de toutes les victoires sur la maladie ; c'est d'ailleurs probablement une attitude outrancière, surtout en ce qui concerne la gériatrie.

En effet, la médecine qui s'appuie sur des sciences n'en est pas pour autant une science.

Car, qu'est-ce qu'une science ?

Depuis le XIIIe siècle ce mot désigne un ensemble de connaissances ayant un objet déterminé et une méthode propre. Posons-nous la question de savoir quel est l'objet déterminé que la médecine tenterai de connaître.

L'objet de la médecine peut être considéré comme le traitement de la maladie (nous faisons ici l'économie de la distinction délicate entre maladie et normalité). Il est important de rappeler que, comme l'ont démontré Canguilhem[108] et plus récemment Engelhardt[109], la qualification de quelque chose comme maladie implique toujours un jugement de valeur. Je cite ce dernier :

> « Toute utilisation du concept de maladie présuppose qu'il existe des phénomènes physiques ou mentaux corrélés à des douleurs et des souffrances de telle sorte qu'ils puissent être expliqués, **prédits et influencés favorablement**[110]. »

On retrouve la notion de jugement de valeur dans cette appréciation du mot favorablement.

Plus simplement, l'art médical (il s'agit assurément plus d'un art - au sens de technique - que d'une science) se préoccupe de ce sur quoi il peut agir.

---

107. Jean-Pierre Baud, *Les hôpitaux*, Université Paris X – Nanterre, Cours de Maîtrise : Histoire de l'administration publique (1er semestre de l'année 2005-2006) - IIe partie, titre I, chapitre 2, (http://www.balde.net/formations/admin.cours/admin2.1.2.hopital%20AR.html).

108. Georges Canguilhem, *Le normal et le pathologique*, PUF, 1943.

109. Hans Tristan Engelhart, The concept of health and disease, in *Evaluation and explanation in the biomedical science*, H.T. Engelhardt & S.F. Spiker, Reidel, 1975, pp. 125-141.

110. *Ibid.*, p. 132.

L'objet de la gériatrie est le traitement des maladies du vieillissement… et souvent aussi du vieillissement de la maladie ! De la même façon que les soins palliatifs, la pratique gériatrique consiste pour une grande part à gérer, à aménager, à faire accepter des déficits le plus souvent irréversibles. C'est ce qui fait sa grandeur et sa fragilité.

La « qualité » qu'est la plus grande passivité féminine, qui permet de mieux faire avec le déficit plutôt que de le combattre sans relâche, est donc particulièrement précieuse en gérontologie.

Cependant, les soignantes ont souvent le sentiment que leur vie leur échappe, qu'elles ne peuvent que gérer au mieux les événements qui émaillent leur existence sans toutefois pouvoir réellement les contrôler.

Elles ont incontestablement plus que leurs homologues masculins l'impression d'être passives devant la succession des événements.

Dans ce contexte, on comprend la propension qu'ont souvent certaines jeunes femmes aux prises avec des difficultés financières, de couple, familiales, domestiques… à se sentir submergées par les événements et à se percevoir plus comme des victimes que comme des créatrices libres.

C'est pourquoi il arrive souvent que les soignantes de terrain aient le sentiment d'être victimes de l'acharnement des clients dont elles ont la charge, de n'avoir pas de prise sur leurs demandes incessantes et parfois exagérées.

Nous avons alors vu qu'elles ont tendance à réagir face à ces comportements sur le mode parental, en mettant en avant les pulsions de déliaison par rapport à celles de liaison.

À réagir comme des mamans qui, face aux colères sans raison apparente de leurs petits enfants, savent leurs faire comprendre, sans entrer en résonance avec leurs angoisses de bébé, qu'elles sont capables de rester elles-mêmes, sûres de soi et différentes, « déliées » de leurs enfants.

> Josette a quatre enfants. Elle est une maman extraordinaire, super organisée et faisant face avec efficacité à tous les accompagnements, tâches ménagères, devoirs…
>
> Elle se reconnaît une certaine sévérité avec ses enfants : « Leur laisser faire n'importe quoi, ce n'est pas rendre service aux enfants ! », dit-elle souvent. Ses trois garçons et sa fille ont d'ailleurs un comportement irréprochable : polis, sages, ponctuels, serviables…
>
> Elle dit aussi regretter beaucoup d'avoir eu une mère qui l'a toujours mal conseillée. Très inspirée par le mouvement « baba-cool », cette dernière, convaincue par les thèses libertaires de l'époque, n'a en effet que peu éduqué Josette, persuadée qu'elle s'accomplirait d'autant mieux qu'elle aurait moins de contraintes.

> Josette travaille comme aide-soignante dans une maison de retraite médicalisée. Réellement chaleureuse avec les résidants, elle est convaincue que ceux qui s'en donnent la peine savent avoir le courage d'aller bien.
>
> Inversement, lorsque certains sont trop faibles et n'adhèrent plus à sa philosophie des soins, Josette ne renonce jamais à les stimuler, à la limite du harcèlement, pour qu'il se lèvent, mangent, aillent à la selle...
>
> Comportement souvent vain, qui laisse Josette dépitée. Lorsqu'elle parle de son travail à ses amis ou à ses enfants, elle se plaint souvent de la pénibilité de son métier : « Ces pauvres vieux, » dit-elle, « ils m'en font voir ».

Mais lorsque l'on utilise ses capacités de déliaison avec un petit enfant, ce n'est pas la même chose que lorsque l'on s'adresse à une personne très âgée dépendante.

En d'autres termes, la tendresse (qui inclut la capacité à rester soi-même, à ne pas fusionner avec l'autre) dont on fait preuve avec ses enfants, n'est pas tout à fait du même registre que celle que l'on a envers ses parents.

Pour les descendants, le parent est celui qui sait, celui qui dirige, qui oriente la vie de son enfant.

Nous avons vu que de ce fait la sexualité infantile s'érigeait en opposition à l'adulte, la mise en tension étant le mode de fonctionnement privilégié de ce registre.

À propos de l'exemple précédent, on est d'ailleurs en droit de se demander quelle est la part de la transposition des conflits de Josette avec sa maman, dans la tension qu'elle cultive vis-à-vis des résidants !

On saisira encore mieux la complexité et la difficulté des interactions si l'on se rappelle qu'au moins les deux tiers des personnes vivant en EHPAD, ou à domicile, sont des femmes.

Et cette « passivité » féminine se retrouve jusque dans les réactions de défenses et de protestations des résidantes : une attitude de « provocation masochiste » [111] dont la dimension persécutrice latente sera perçue par les soignants :

> « À ce propos, nous croyons utile de proposer une hypothèse de travail, celle d'une forme de provocation masochiste de la part des personnes âgées désorientées (qu'on pourrait encore dire démentes).

111. Louis Ploton, Jacques Gaucher, Jean-Marc Talpin, Christian De Saussure, François Blanchard, La provocation masochiste de la part des personnes âgées dépendantes, in *Vieillards martyrs, vieillards tire-lire*, coll sous la direction de C. De Saussure, Chêne bourg, Medecine et hygiène, 1999, pp. 69-76.

Il s'agit de s'interroger sur le lien existant entre leur aptitude à être « horribles » et une possible tentative inconsciente de tester l'amour de l'autre.

Mais cette tentative, chez le vieillard dépendant, se placerait, pour son malheur, dans un registre impossible à satisfaire, puisque l'amour qu'il sollicite est, semble-t-il, l'amour que seule une mère peut prodiguer, l'amour maternel[112]. »

Ainsi la boucle « mortifère » est bouclée. Les soignantes sous pressions réagissent aux demandes des clients comme des mères de familles réagissent face à leurs enfants. Mais les vieux, peu satisfaits de ce type de réponse en rajoutent, provoquent sur un registre infantile, prenant ainsi une dimension persécutrice d'autant plus douloureuse pour les infirmières qu'elle les interpelle dans un rôle de maman qu'elles ne peuvent assurer professionnellement avec des clientes qui ont l'âge de leurs parents.

La tendresse dans les soins

Dans ce contexte de confusion générationnelle, il nous faut interroger le discours de certains formateurs qui prescrivent une libération émotionnelle pour que les soignants puissent s'accomplir professionnellement :

« Depuis des décennies, le discours sur la nécessité de taire ses émotions est une arme majeure prônée dans beaucoup de services, mais le constat est bien là : le **burn-out** ne diminue pas, il augmente. Car ces théories de valorisation du silence affectif nous paraissent basées sur la peur, la peur de l'autre, de sa maladie, de nos faiblesses.

En revanche, dans maints services où la tendresse est une valeur du soin, ou les liens affectifs réels entre soignants et soignés et leurs accompagnants peuvent se développer, aidés par des valeurs philosophiques claires et des règles de l'art bien appliquées, les arrêts de travail pour épuisement ont quasiment disparu.

Lorsque les relations ne s'expriment plus dans des rapports de pouvoir (« je suis celui qui te guérit ») et de culpabilité (« je suis donc aussi celui qui te tue »), souvent inconscients mais bien réels, les soignants peuvent être sensibles à la reconnaissance et à l'affection des patients. Ce sont alors ces émotions positives qui sont à la source de la sérénité nécessaire au bon exercice professionnel, et qui permettent de ne pas se laisser envahir par la peine issue de la souffrance ou de la mort de l'autre.

112. *Ibid.*, p. 75.

> « On ne voit bien qu'avec le coeur », disait le renard au petit Prince, alors ne censurons pas notre sensibilité et exerçons librement notre métier avec les valeurs qui nous y ont conduits[113]. »

Ce qui est recommandé, en somme, c'est de donner la possibilité aux soignants de laisser s'exprimer en eux l'affection qu'ils éprouvent pour leurs clients.

A priori, on ne peut qu'être d'accord avec ce point de vue, mais il faut alors aller au bout du raisonnement sans oublier que la grande majorité des maltraitants prétendent l'être pour le bien de leurs victimes !

Beaucoup de pensionnaires des établissements d'hébergement inspirent en premier abord la répulsion et le dégoût, simplement parce que l'idéalisation du vieillissement veut nous faire oublier l'incontinence, l'agressivité (certes, quasi exclusivement défensive), la difficulté d'accompagner la maladie et la dégradation.

> À l'occasion d'une journée « carrefour des métiers », organisée dans un centre hospitalier pour faire découvrir les différentes professions de l'hôpital, les représentants de chaque corps de métiers se sont tenus à disposition de lycéens dans la salle d'animation du bâtiment de l'établissement d'hébergement pour personnes âgées dépendantes.
>
> Ainsi, toute la journée, les jeunes adolescents ont pu être renseignés avec compétence sur les études, le déroulement des carrières, le travail dans le secteur sanitaire et social…
>
> Tous se rappelleront certainement cette dame très âgée qui fumait une cigarette à l'entrée ; ils s'en souviendront parce qu'à la place du nez elle a un trou béant dû à l'évolution d'une tumeur maligne.
>
> Ils ne sont pas près d'oublier non plus cette dame avec un drôle de regard (et une forte odeur) qui s'est précipitée pour leur faire la bise à leur arrivée, à leur départ et environ toutes les cinq minutes pendant qu'ils attendaient dans le couloir entre chaque rendez-vous.
>
> Aucun d'eux, non plus, n'oubliera les hurlements de terreur de ce monsieur au moment où les soignantes venaient le chercher pour manger. Il hurlait qu'il avait déjà mangé et que s'il s'en allait sa maman allait le chercher et probablement le perdre.
>
> De prime abord, ils ont eu l'impression d'avoir été dans une bien étrange maison.

113. Yves Gineste, Jérôme Pellissier, De la distance à la proximité, de la solitude à l'humanitude, in *Revue Santé mentale n°100*, 2005.

Bien sûr avec du temps et de la patience ils auraient fini par savoir combien Antonine est douce et attachante… même sans nez !

En prolongeant un peu leur immersion dans ce monde d'extrême séjour, ils auraient appris à rassurer d'un sourire et d'une parole Émilienne qui est toujours en quête de bisous parce qu'elle est fondamentalement inquiète de se voir rejeter et parce qu'à cause de sa mémoire en panne, au bout de 30 secondes, elle vous redécouvre comme si elle ne vous avait pas vu depuis 30 ans !

Ils auraient aussi compris et accepté avec calme et sérénité les hurlements d'Alberto que ses enfants avaient gentiment descendu dans le parc pour qu'il puisse prendre un peu le soleil, mais qui n'avait pas compris pourquoi lui restait là alors que toute sa famille était partie dans une belle voiture en lui faisant coucou !

Bien sûr les soignants aguerris ne sont pas des jeunes lycéens, leur exercice professionnel et les connaissances acquises pendant leur formation les aident à prendre de la distance avec le concept de normalité. Il leur est alors possible de découvrir que :

> « Ces gens dont l'âme et la chair sont blessées ont une grandeur que n'auront jamais ceux qui portent leur vie en triomphe[114]. »

Il n'en reste pas moins que :

> « Traverser un service de gériatrie en remontant le couloir central n'est pas chose aussi aisée qu'il y parait, même avec le supposé « blindage » de l'habitude[115]. »

Et il faut reconnaître que la prescription de libération de « notre sensibilité », ne va pas de soi.

Ceux qui nous rappellent « qu'on ne voit bien qu'avec le cœur » insistent toutefois pour préciser que ce sont nos émotions positives qu'il convient de valoriser. Il s'agit probablement du contexte émotionnel de ce que nous avons nommé pulsion de liaison, dans le paragraphe « support théorique » du *chapitre 4* .

Mais dans ce même chapitre nous avons insisté sur le fait que, selon le contexte et la position des protagonistes, une même attitude apparente pouvait être comprise comme ayant un effet inverse.

Cette variabilité est particulièrement délicate à prendre en compte dans les pathologies cognitivo-mnésiques !

114. Christian Bobin, *La présence pure*, Le temps qu'il fait, 1999.

115. Louis Ploton, *La personne âgée*, Chronique sociale, 1991, p. 11.

Rosalie est atteinte depuis maintenant 10 ans d'une démence sénile de type Alzheimer qui a bouleversé son attitude envers les autres personnes.

Elle qui toute sa vie avait été réservée et discrète est maintenant à l'affût du moindre passant pour se blottir contre lui, pour lui demander de l'embrasser et de lui faire un câlin.

Le plus souvent lorsque la personne interpellée lui répond gentiment, elle aime bien la prendre par la main et l'accompagner sur quelques mètres.

Rosalie est en général appréciée des autres résidants comme des soignants, parce que même si elle est un peu « collante », elle a un sourire merveilleux et s'exprime dans un savoureux patois qui enchante la langue française. De plus, en général, une fois qu'elle a eu la bise et les quelques pas « main dans la main » qu'elle réclame, elle repart apparemment heureuse et satisfaite vers de nouvelles aventures à l'autre bout du couloir.

Lorsque tout va bien, donc, les soignants libèrent en effet leurs émotions positives et se laissent bien volontiers interpeller par Rosalie.

Mais il y a des moments dans lesquels Rosalie ne va pas bien du tout. Sa recherche d'affection devient alors véritablement compulsive. Ses étreintes sont étouffantes et incessantes, ne la calmant plus du tout. Et là, les soignants ont compris que la gentillesse et la disponibilité devenait dangereuses pour Rosalie et l'équipe.

Face à de telles crises d'angoisses, il devient indispensable de cadrer Rosalie avec fermeté (ce qui ne veut pas dire avec méchanceté). Elle ne se calme et en général ne s'endort rassurée que lorsque quelqu'un arrive à lui faire entendre qu'elle est trop envahissante et qu'elle ferait mieux d'aller dormir un peu, plutôt que de continuer à ennuyer tout le monde.

Bien entendu la difficulté vient du fait que si un tel discours a parfois sa justification, le fait qu'il puisse être utilisé entraîne toute sorte d'abus, notamment de la part de soignants indélicats qui confondent leur propre fatigue avec les rares moments d'énervement de Rosalie.

Alors, dans un contexte si difficile, comment affirmer qu'on ne voit véritablement qu'avec le cœur ?

Encore une fois, la question de savoir si une émotion est positive ou négative est bien difficile. En fait elle n'est probablement jamais tranchée. Quant à affirmer que :

« Ce sont alors ces émotions positives qui sont à la source de la sérénité nécessaire au bon exercice professionnel, et qui permettent de ne pas se laisser envahir par la peine issue de la souffrance ou de la mort de l'autre[116] »,

c'est une affirmation gratuite largement contredite par le travail de Jean-Gilles Boula sur le sens du soin[117]. Ce dernier, après avoir rappelé la fragilité de la distinction formelle entre la douleur (qui relèverait de la physiologie de base) et la souffrance (qui impliquerait la dimension socio-psychologique), insiste sur l'inévitable souffrance des agissants soignants pour que le soin prenne sens.

Il rejoint dans cette conception le philosophe Paul Ricoeur qui, dans son ouvrage *Soi-même comme un autre*[118], a montré que la souffrance altère *deux axes* qui définissent notre façon d'être au monde, *l'axe de soi à autrui* et ce qu'il nomme *l'axe agir-pâtir.* Selon le premier axe, la souffrance est une expérience vive de l'incommunicable et de l'insubstituable, selon le second, la souffrance génère plusieurs impuissances.

On distingue ainsi quatre niveaux d'efficacité du soin :

1. celui de la parole ;
2. celui du faire au sens limité du terme ;
3. celui de la narration ;
4. enfin celui de l'imputation morale.

À ces quatre niveaux correspondraient du côté du souffrir les blessures qui affectent

1. le pouvoir de dire ;
2. le pouvoir de faire ;
3. le pouvoir de (se) raconter ;
4. le pouvoir de s'estimer soi-même comme agent moral.

En tout cas, il est impossible de contrebalancer cette dynamique complexe qui relève de l'hypercomplexité du vivant par une simple volonté de « positiver ».

Reste que cette proposition de **rétablir la tendresse comme valeur du soin,** nous intéresse au plus haut point lorsque l'on tente de réfléchir comme nous à l'articulation entre maltraitance et sexualité.

Revenons donc à la *notion de tendresse* dans la pensée psychanalytique.

116. Yves Gineste, Jérôme Pellissier, De la distance à la proximité, de la solitude à l'humanitude, in *Revue Santé mentale n°100*, 2005.

117. Jean-Gilles Boula, 1995, (http://www.gfmer.ch/Presentations_Fr/Sens_soin.htm).

118. Paul Ricoeur, *Soi même comme un autre*, Le Seuil, 1998.

Classiquement, le comportement amoureux se construit tout au long de la vie en étant « alimenté » par deux courants. Le *courant tendre* et le *courant sensuel.*

Le premier amour, pour la personne qui soigne et nourrit l'enfant, est majoritairement dépendant du courant tendre, même si dès l'origine les composantes érotiques sont présentes[119].

Par opposition, dans l'enfance, avec l'émergence de ce que nous avons appelé le sexual, le courant sensuel devient véritablement sexuel, le plaisir érotique se détourne des besoins vitaux pour devenir autoérotique.

Par la suite, pendant la période de latence (la grande enfance), le refoulement sexuel renforce le courant tendre qui sera de nouveau balayé par un raz de marée sensuel à l'adolescence.

Il semble qu'avec le grand âge il y ait généralement émoussement sensuel au profit du retour de la tendresse, mais cela ressemble plus à une fable qu'à une réalité.

En tout cas, dès l'origine, du côté de l'aidant (le parent), la tendresse est valorisée et la sensualité refoulée socialement. Ainsi il y a une liaison forte qui s'établit entre les soins de maternage (nourriture, hygiène...) et la tendresse.

Cette liaison idéologique est indispensable à la construction du psychisme humain, mais ne reflète pas la réalité.

C'est l'hypothèse que soutient notamment Jean Laplanche qui, dans sa théorie de la séduction généralisée[120], défend l'idée d'une tension psychique permanente tout au long de la vie entre l'évidence d'une dimension sensuelle omniprésente refoulée et l'affirmation obstinée de son inexistence.

On est étonné aussi lorsque l'on retrace brièvement, comme nous l'avons fait, l'histoire du choix amoureux aux différentes étapes de la vie de constater que prédominent en alternance, soit le courant tendre, soit le courant sensuel. En fait, on a même l'impression d'être face à une incompatibilité (formelle plus que réelle) entre ces deux courants.

À ce propos rappelons une autre observation dérangeante de Boris Cyrulnik :

> « L'hypothèse nous était venue au cours d'observations d'éthologie animale qui nous avaient enseigné que les animaux sans attachement pouvaient s'accoupler, même s'ils s'agissait de mère et de fils, alors que les animaux attachés inhibaient leurs comportements sexuels même s'ils n'avaient aucune parenté génétique. Le simple attachement inhibait le

119. Jean Laplanche, Jean-Bernard Pontalis, *Vocabulaire de la psychanalyse*, PUF, 1967, p. 483.

120. Jean Laplanche, *Nouveaux fondements pour la psychanalyse*, PUF, 1987.

sexe. Nous avions constaté que ce processus d'engourdissement du désir sexuel se manifestait beaucoup dans les couples humains depuis que l'espérance de vie sexuelle était augmentée par l'amélioration de notre technicité .../... Pourtant, la manipulation animale posait une question théorique importante, confirmée par la clinique humaine : l'attachement tue le désir[121]. »

Si l'on admet que la sensualité est plutôt du côté de ce que Boris Cyrulnik nomme le désir et la tendresse du côté de l'attachement, on peut tenter de proposer une hypothèse explicative.

Il est évident que, aussi bien du côté de celui qui prodigue les soins que de celui qui les reçoit, le pacte social impose que soit valorisé le courant tendre au bénéfice du courant sensuel.

C'est pourquoi les soins dits de base (toilette, habillage, nourrissage...) sont si souvent interprétés comme un retour en enfance.

Lorsque de tels soins de « nursing » sont effectués auprès de personnes qui ont l'âge des parents ou des grands-parents du soignant, la reprise des enjeux œdipiens et le type de réponse de l'âgé aux sollicitations compliquent beaucoup l'échange.

En effet, inconsciemment, une mère dans les soins qu'elle prodigue à son enfant transmet de nombreux stimuli érogènes perçus naturellement par le bébé. Ces expériences, à condition qu'elles gardent une importance mineure, et qu'elles ne bloquent pas l'évolution psychique du nourrisson, vont être stockées dans la mémoire psychosomatique de l'enfant pour être réutilisées ultérieurement comme bases pour la construction de son profil sexuel.

À cette période, le parent a l'impression de ne fonctionner que sur le registre de la tendresse, mais les évocations de la douceur de la peau de bébé, du plaisir que l'on éprouve à le laver... rappellent que la sensualité n'est pas absente de la relation.

Par contre, dans la même situation de « prendre soin », mais avec des vieillards, si la question de la tendresse dans la prise en charge peut être posée du bout des lèvres, celle de la **sensualité** par contre est franchement **taboue.**

La résolution du complexe d'Œdipe (qui en fait n'est jamais résolu), oblige à renoncer tour à tour au parent de même sexe, puis à celui de sexe opposé pour en arriver à se « rabattre » sur les personnes de notre génération. C'est un processus long et douloureux qui aboutit à un équilibre précaire dont la remise en question est toujours redoutée.

121. Boris Cyrulnik, *La naissance du sens*, Hachette, 1995, p. 107.

C'est une première explication à la difficulté d'admettre l'existence d'une composante non seulement tendre mais aussi sensuelle dans les soins gérontologiques.

L'autre difficulté provient du type de réponse induite par les soins. Nous avons vu qu'avant d'être des personnes âgées les vieillards sont des adultes.

Nous savons aussi qu'environ 80 % de la communication efficace se fait sur un registre non verbal (et la plupart du temps non verbalisable). Aussi, dans les situations ambiguës comme le sont celles générées par le soin, les types de réponses le plus souvent déclenchées par les soignants sont des réactions à des comportements de séduction.

Cela peut aller jusqu'à des érections ou à des gestes sans équivoques (de la part des dames aussi). Dans tous les cas ces comportements seront très difficilement pensables en référence à ce qui les a déclenché.

Et pour ne pas avoir à s'imaginer en position de séducteur (ce qu'il est pourtant), le soignant préférera en général se placer au-dessus des difficultés en déclarant la personne âgée comme irresponsable ou perverse.

Cette dynamique rejoint la notion de pacte dénégatif et de ses limites que nous avions proposée dans le chapitre sur la sexualité.

On aura ainsi un *mécanisme* qui conduit fréquemment **du soin à la maltraitance :**

1. Je fais mon métier comme il faut, comme les règles de l'art me l'imposent

2. Plein de compassion pour mon client, je fais preuve de tendresse gentiment mais un peu maladroitement

3. Loin de se comporter comme l'innocent retourné en enfance sur lequel je projetais ma tendresse, le client comprend mon attitude comme empreinte de sensualité et me renvoie un message d'acquiescement sans équivoque

4. À mon tour, je reçois et comprends implicitement sa fascination et en déduis explicitement que j'ai à faire à un pervers

5. Je décide de le recadrer, ce qu'il admet mal parce qu'il était dans une dynamique bien différente

6. Décidément échaudé par notre discordance, je préviens mes collègues de la dangerosité de ce client… devenu patient !

Roberta a été contrainte de reprendre le travail à l'âge de 40 ans afin de pouvoir financer les études supérieures de ses enfants.

Elle avait déjà été employée à la chaîne dans une usine de textile quinze ans auparavant. Elle gardait de cette période le souvenir d'une situation proche des travaux forcés.

Dans son rôle de soignante, elle a trouvé un épanouissement et un plaisir à travailler qu'elle n'aurait jamais imaginé.

Appréciée par les résidants, ses collègues et ses supérieurs hiérarchiques, elle a pu suivre la formation d'aide-soignante.

D'un naturel jovial et chaleureux, Roberta enchantait ses clients par sa bonne humeur communicative et par la douceur de ses gestes. Forte « comme un homme », elle restait douce et tendre en toutes circonstances : elle était capable de recoucher seule une personne de près de 100 kg sans lui faire mal et sans effort apparent.

Lorsque Roberta a rencontré Fabien, ancien légionnaire de 85 ans « condamné » à l'hébergement à cause d'une grave maladie neurologique évolutive, elle a tout de suite senti et compris sa détresse et son désespoir. Elle est devenue son aide-soignante de « référence », d'une patience d'ange pour deviner ce qu'il voulait dire, d'une douceur infinie pour prendre soin de son corps ; elle prévenait les plus inattendues de ses attentes.

Fabien, en partie grâce à Roberta, fit d'énormes progrès notamment sur le plan de la communication. Alors qu'auparavant il était très complexé par sa voix nasillarde et aiguë, il reprit confiance en soi et arriva à retrouver la capacité à s'exprimer suffisamment bien pour que tout le monde le comprenne.

Le problème vint de ce qu'il disait justement clairement à tout le monde :

« Roberta est à moi, Roberta elle aime ça ! »

Au début Roberta trouvait cela amusant ; elle était contente de voir Fabien, qu'elle appelait son « bébé », s'exprimer.

Mais pour un bébé, Fabien était tout de même drôlement dégourdi. « J'aime bien quand tu m'embrasses », disait-il à Roberta jamais avare de bises. « Tu aimes bien me faire la toilette, non ? » affirmait-il.

Un jour, il se mit à demander aux soignants hommes s'ils pensaient que Roberta puisse être d'accord pour lui faire ce qu'il nommait une « toilette totale ». Interrogé sur ce qu'il entendait par ce terme, il répondit par des assertions comme « Allons, allons tu le sais bien, moi aussi j'ai eu ton âge ! ».

Roberta s'est alors, petit à petit, éloignée de Fabien qui, néanmoins, a continué à progresser au point de se lier d'amitié avec une autre pensionnaire avec laquelle ils ont le projet de demander une chambre double.

Mais Roberta est sortie vexée et blessée par cette expérience. Depuis, elle s'investit beaucoup moins auprès des résidants. Elle qui était la locomotive du service, toujours prête à défendre les cas les plus difficiles, en vient à se méfier de tout ce qui pourrait être interprété par les pensionnaires.

Au cours d'une formation sur la démence, elle a même surpris tous ses collègues en affirmant avec aplomb qu'à partir d'un certain âge on ne s'intéressait plus qu'à ce qui se passait dans les culottes.

Roberta a dû quitter ses fonctions d'aide-soignante à la suite d'un incident regrettable.

Un monsieur victime d'une démence avancée avait la désagréable habitude, lorsque sa couche était souillée de selles, d'y mettre la main et d'en enduire les murs de sa chambre.

Un soir que Roberta assurait seule la permanence de nuit dans son service, à la relève du matin, les collègues ont retrouvé ce monsieur sanglé sur son fauteuil, sur lequel il avait passé la nuit, les mains enfermés dans des gants de toilettes, attachées derrière le dossier avec un bâillon sur la bouche pour ne pas crier !

Aux interrogations indignées de l'équipe du matin, Roberta répondit laconiquement qu'elle n'avait rien à foutre de ce vieil obsédé qui ne pensait qu'à se masturber et qu'il fallait s'estimer heureux qu'elle ne lui ait pas coupé les c... ! »

Sexualité et pouvoir en gériatrie

La question du pouvoir dans les institutions

Classiquement, le pouvoir est perçu comme un instrument ou une propriété détenu par un appareil d'État ou par certaines personnes.

Le pouvoir s'exercerait essentiellement à travers la loi et à partir d'une puissance centrale comme l'État.

La pensée psychanalytique a longtemps affirmé que l'intériorisation d'une loi résulte de la construction d'un système d'autocritique qui intègre les valeurs morales (le surmoi), la loi étant du côté symbolique.

À ce sujet Sigmund Freud avait poussé à l'extrême les hypothèses de la psychanalyse dans un essai audacieux ; « Totem et tabou » [122], véritable fable qui, comme le dit Levi Strauss :

> « Ne correspond, sans doute, à aucun fait ou ensemble de faits occupant dans l'Histoire une place donnée. Mais traduit peut-être sous une forme symbolique un rêve à la fois durable et ancien[123]. »

Le philosophe Michel Foucault a dépassé ces conceptions classiques de la notion de pouvoir[124].

Selon lui, le pouvoir correspond dans la réalité aux processus qui concernent l'ensemble des **rapports de forces** dans une société donnée.

Il nomme « juridique et répressive » la conception classique du pouvoir qui ferait de l'interdiction et de la sanction ses mécanismes d'action.

Pour lui, la notion de pouvoir au quotidien est infiniment plus large, et correspond à toutes les contraintes qui s'exercent sur des libertés, sur des êtres libres de ne pas se laisser gouverner.

Le pouvoir n'est donc pas assimilable à un état de domination ; au contraire il est toujours susceptible de **provoquer des résistances.**

C'est pour échapper aux contraintes imposées par les pouvoirs du quotidien que naissent les revendications de liberté les plus abouties.

122. Sigmund Freud, *Totem et tabou*, Payot (1965 édition française), 1913.

123. Claude Levi-Strauss, *Les structures élémentaires de la parenté*, Mouton, 1967, p. 362.

124 Michel Foucault, *Histoire de la sexualité 1 : la volonté de savoir*, Gallimard, 1976.

Foucault montre ainsi comment la médicalisation du corps féminin au XIXe siècle a été détournée et investie par les féministes modernes pour en tirer une nouvelle forme de culture.

La psychiatrisation de l'homosexualité a eu le même retournement paradoxal en permettant l'essor d'une puissante communauté gay qui revendique sa légitimité dans les catégories mêmes par lesquelles elle avait été médicalement disqualifiée.

Ce pouvoir du quotidien, qui s'intéresse plus à l'objectif à atteindre qu'à la loi et plus à la tactique d'intervention qu'à la répression par l'interdit, agit de façon beaucoup plus subtile que ce que l'on en perçoit.

Il agit d'abord directement sur la corporéité.

Par exemple, dans les entreprises, le pouvoir dirigeant s'arroge la possibilité de prescrire aux employés, leur rythme de travail et l'alternance de leurs périodes d'activité et de repos (par exemple, du fait du travail en poste : nuit, matin, soir, l'application individuelle des plannings de travail modèle sévèrement le biorythme de chaque agent).

Ensuite, et c'est une caractéristique moderne de ce que Foucault nomme le « bio-pouvoir », ce pouvoir du quotidien se préoccupe de la gestion calculatrice de la vie. C'est au nom de l'efficacité et d'une prétendue cohérence, que l'on se soucie de l'organisation, de l'accroissement, de la santé de l'ensemble de la population.

Ceci alors même que le concept de santé publique est loin d'être évident ! (Il y a quelques années il en a été recensé une soixantaine de définitions [125] !)

Le pouvoir et la sexualité

Par rapport à cette notion de pouvoir élargie, la sexualité tient une place particulière.

Depuis les années 1970 un mouvement de pensée (Freudo-Marxiste) insiste sur la répression de la sexualité dans la société moderne.

À la lumière de la théorie de Foucault sur le pouvoir soucieux de maîtriser la gestion de la vie de l'ensemble de la population, on peut en effet voir la tentative de contrôle et de régulation de la sexualité comme un paradigme de cette tendance.

Prendre le pouvoir sur notre intimité la plus profonde afin d'aboutir à une régulation complète de nos comportements pourrait, selon cette dynamique, représenter un aboutissement ultime.

125. Didier Fassin, Santé publique, *in Dictionnaire de la pensée médicale*, PUF, 2004, pp. 1014-1078.

Foucault l'admet d'ailleurs :

> « Ce discours sur la moderne répression du sexe tient bien .../... : Si le sexe est réprimé avec tant de rigueur, c'est qu'il est incompatible avec une mise au travail générale et intensive : à l'époque où on exploite systématiquement la force de travail, pouvait-on tolérer qu'elle aille s'égailler dans les plaisirs, sauf dans ceux, réduits au minimum, qui lui permettent de se reproduire ?[126] »

Mais il va plus loin :

> « Depuis le XVIIIe siècle, le sexe n'a pas cessé de provoquer une sorte d'éréthisme discursif généralisé. Et ces discours sur le sexe ne se sont pas multipliés hors du pouvoir ou contre lui, mais là même où il s'exerçait, et comme moyen de son exercice. Partout ont été aménagés des dispositifs à entendre et à enregistrer, partout des procédures pour observer, interroger et formuler. On le débusque et on le contraint à une existence discursive[127]. »

> « Ce qui est propre aux sociétés modernes, ce n'est pas qu'elles aient voué le sexe à rester dans l'ombre, c'est qu'elle se soient vouées à en parler toujours en le faisant valoir comme **le secret** .../...[128] »

Le pouvoir, par l'intermédiaire de ce bavardage pseudo-scientifique sur la sexualité, non seulement prend en charge le corps sexuel, mais aussi se charge de sensualité.

On en arrive ainsi à éprouver de l'émoi à l'exercice de cette contrainte.

> Joêl et Anita ont tous les deux d'importants troubles cognitifs. Ils déambulent en se tenant par la main du matin au soir et sont (apparemment) persuadés d'être mari et femme.
>
> Il arrive qu'on les surprenne à s'embrasser dans les couloirs.
>
> Les membres du personnel sont très partagés sur l'attitude à tenir envers ce couple. Certains se disent choqués et gênés vis-à-vis des enfants, d'autres sont, au contraire, de fervents supporters de ce qu'ils appellent une merveilleuse histoire d'amour.
>
> En tout cas le sujet passionne l'équipe qui se gargarise, à la manière des rédacteurs des revues « people », des moindres faits et gestes de chacun des tourtereaux. Il semble que leur relation soit de notoriété publique, et à une nouvelle stagiaire qui un jour s'étonnait que l'on ne réserve aucune intimité à la relation entre Anita et Joël, il fut répondu : « les laisser tranquilles, mais pourquoi donc ? Ça nous passionne et d'ailleurs ils sont

126. Michel Foucault, *Histoire de la sexualité 1 : la volonté de savoir*, Gallimard, 1976, p. 12.

127. *Ibid.*, p. 45.

128. *Ibid.*, p. 49.

contents que l'on s'intéresse à eux… et ne sont pas assez lucides pour se passer de nos conseils !

Une fois que l'on a fait le constat du caractère « voluptueux » de ce discours permanent sur la sexualité, sur toutes les sexualités et en particulier sur celles des vieillards, on peut reposer la question de la fonction de ce processus :

« Pour en revenir au sexe et aux discours de vérité qui l'ont pris en charge, la question à résoudre ne doit donc pas être :

étant donné telle structure étatique, comment et pourquoi « le » pouvoir a-t-il besoin d'instituer un savoir du sexe ? Ce ne sera pas non plus : à quelle domination d'ensemble a servi le soin apporté, depuis le XVIIIe siècle, à produire sur le sexe des discours vrais ? Ni non plus : quelle loi a présidé à la fois à la régularité du comportement sexuel et à la conformité de ce qu'on en disait ?

Mais, dans tel type de discours sur le sexe, dans quelle forme d'extorsion de vérité qui apparaît historiquement et dans des lieux déterminés (autour du corps de la femme, à l'occasion des pratiques de planification des naissances, etc.), quelles sont les relations de pouvoir les plus immédiates, les plus locales qui sont à l'œuvre ? Comment rendent-elles possibles ces sortes de discours et inversement, comment ces discours leur servent-ils de support ?[129]. »

C'est ce sur quoi nous allons nous interroger maintenant.

Le discours sur la sexualité des vieillards, prétexte à la maltraitance ?

Quelle est la fonction, en terme de rapport de pouvoir, de discours comme celui que nous avons rapporté au début de cet ouvrage sur la nécessité de préserver une activité sexuelle répondant à de prétendus besoins universels, quitte à avoir recours au service de prostituées ?

De la même façon, en quoi la dénégation de la dimension sexuelle chez le vieillard permet-elle sa disqualification ?

Petites et grandes morts

Intéressons-nous d'abord à la tendance qui ramène la sexualité du grand âge à une génitalité purement mécanique :

- Ce discours prétend que le vieux a besoin d'une sexualité de même type que celle de l'adulte mature. Ce peut être vrai, mais c'est aussi une façon de nor-

129. *Ibid.*, p. 128.

maliser le besoin… et donc de marginaliser tous ceux qui ne fonctionnent pas ainsi. Rappelons que la sexualité appartient à la sphère de l'intimité et que c'est une manœuvre de type totalitaire que de vouloir la réglementer.

- Il y a une dimension projective dans ces élucubrations puisqu'en les formulant le jeune se préserve de toute baisse ou modification future de ses pratiques sexuelles : puisqu'il est possible d'avoir besoin de prostituées à un âge avancé, c'est la preuve qu'il n'y a pas de vieillissement sexuel, du moins masculin. Le mythe de l'immortalité n'est pas loin.

- Ce positionnement, qu'il vienne de journaliste ou de simples soignants prétend simplifier le fonctionnement humain en ramenant la complexité et la pluralité des vieillesses à des interrogations simples et triviales : « le vieux baise-t-il ? » Question qui en filigrane pourrait être complétée par « jouit-il encore de la vie ? » et par « mérite-t-il encore d'être en vie ? ».

- Ramener les multiples déclinaisons de l'expression de la sexualité à une simple affaire de coït revient à déshumaniser une palette comportementale riche et complexe pour la ramener à un simple élan de bestialité. Jean Maisondieu ne dit pas autre chose :

> « Le rut imbécile de l'animal mené par ses glandes comme la hargne qu'il manifeste pour défendre son territoire relèvent de l'instinctuel. L'homme, par sa capacité de symbolisation, devient plus libre ; non seulement il peut associer à la grossièreté du fonctionnement réflexe incontrôlable un comportement réfléchi, mais, prenant quelque distance avec ses besoins ou son désir, il arrive à découvrir l'autre comme un semblable qui est autre chose qu'un objet à posséder ou un ennemi à repousser, c'est-à-dire un sujet avec qui éventuellement partager[130]. »

Parce qu'il est impossible d'échanger véritablement avec un vieillard si l'on refuse en soi l'idée de sa propre mort, il faut aller plus loin et se poser la question de savoir si le vrai souci n'est pas que, fondamentalement, les plus jeunes ont peur de voir exister les plus vieux.

> « Le vieillard ne fait pas qu'évoquer la mort, il la personnifie également. Comment accepter d'être son semblable, de se reconnaître en lui, si on refuse toute familiarité avec elle ?[131]. »

L'expression « petite mort » était utilisée à l'origine (1572) dans le langage médical pour désigner une syncope. Cette expression concerne de nos jours l'orgasme[132].

130. Jean Maisondieu, *Le crépuscule de la raison*, Bayard, 1989, p. 89.

131. *Ibid.*, p. 92.

132. Alain Rey, *Dictionnaire historique de la langue française*, Le Robert, 1992, p. 2292.

En se persuadant que les grands vieillards restent et resteront toujours intéressés et capables d'accéder à de « petites morts », ne cherche-t-on pas plutôt à mettre à distance la mort, la vraie, la sordide, l'épouvantable qui pourrait bien, un jour, nous faucher à notre tour ?

Le vieillard asexuel

L'autre tendance discursive tend à affirmer que, passé un certain âge, la motivation sexuelle n'existerait plus et que, du fait d'un coït impossible (?), il faudrait raisonnablement envisager les comportements des plus âgés comme dépourvus de toute composante sexuelle.

Nous avons vu que la dimension sexuelle ne se limite pas à l'exercice de la génitalité, mais qu'elle commence avec le genre sexuel, se prolonge dans la sexualité infantile (qui correspond à la capacité à s'opposer à l'autre), pour en arriver à une dynamique interactive complexe qui, le cas échéant, peut aboutir à un épanouissement génital.

Il n'est donc pas exagéré d'affirmer que toutes les relations humaines sont infiltrées par la question sexuelle.

Dès lors refuser à une catégorie de personne (les vieilles personnes dépendantes) l'intégrité de leur sexualité, ce qui passe notamment par la préservation d'une composante intime (et secrète) de leur personnalité, revient à leur **refuser une partie de leur humanité.**

Passé un certain degré de handicap, la personne âgée devient une personne publique. Comme nous l'avons déjà vu sur la question de l'interdisciplinarité, il apparaît malheureusement comme une évidence, dans le fonctionnement institutionnel, que toutes les informations, même les plus intimes, méritent d'être partagées en équipe.

C'est à ce prétexte que l'on dissèque et réglemente « en équipe », le comportement des vieillards... en « oubliant » au passage de leur laisser le moindre espace de liberté pour exister en dehors de ce que l'on a prévu pour eux.

La question de l'intimité et donc de la sexualité est souvent balayée et traitée par le mépris dans cette dynamique !

Il y a quelques années, nous avions conduit une recherche sur la représentation qu'avaient les soignants et les résidants de la capacité de marcher des pensionnaires dans un établissement de long séjour.

Nous avions été surpris de conclure que pour les soignants comme pour les soignés, la représentation sociale de la marche des résidants a un caractère symbolique et signifiant de la possibilité de vie des personnes âgées.

Cette marche synonyme de possibilité de vie ne renvoie toutefois pas aux mêmes valeurs : pour les résidants, pouvoir vivre, c'est avant tout pouvoir être soi-même, reconnu comme une personne unique et singulière, alors que pour le personnel, la possibilité de vie d'une personne âgée en institution correspond à sa capacité à « coller au fonctionnement institutionnel », participer aux animations, aller aux toilettes seule, venir manger en salle…[133]

Sur le même modèle, on peut s'interroger sur la vraisemblance de l'hypothèse selon laquelle la représentation sociale (le savoir de sens commun) concernant la sexualité des personnes âgées aurait un caractère symbolique et signifiant de l'humanité des vieillards !

À l'inverse, la négation de la dimension sexuelle dans le comportement des résidants, correspondrait à un **refus à considérer l'aîné dépendant,** simplement comme un être humain.

Le fait que de tels discours sur la vieillesse asexuelle se tiennent en priorité dans les établissements d'extrêmes séjours (selon l'expression de Christian Bobin[134]) va bien dans le sens de la théorie de Foucault sur le « bio-pouvoir ».

Cette dimension de gestion concrète, au nom de l'efficacité et d'une prétendue cohérence de l'organisation, de la régulation, de la santé de l'ensemble de la population prend ici un aspect inquiétant.

Derrière cette prescription de sexualité animale ou inexistante, et à la lumière de l'hypothèse que nous venons de proposer, ce que semble réclamer l'exercice du pouvoir c'est l'éradication… après déshumanisation, de tous les vieillards fragiles ou non performants.

Pour poursuivre notre exploration du système de pouvoir tel qu'il est conçu par Foucault, essayons de repérer comment le vieillard peut comprendre l'ensemble de ces représentations contradictoires concernant sa sexualité.

L'impossible double contrainte

C'est en 1950 que le groupe de chercheurs connu comme l'école de Palo Alto a commencé à étudier un mode de communication pathologique.

En 1956, ils ont publié le résultat de leur étude : « Le paradoxe est un modèle de communication qui mène à la double contrainte ».

Le paradoxe est un message, qui, en même temps, nie ce qu'il affirme et affirme ce qu'il nie.

133. Nicolas Lépine, Signification de la marche des personnes âgées dans un établissement de gériatrie, in *Kinésithérapie scientifique n°381*, SPEK, 1998, pp. 39-44.

134. Christian Bobin, *La présence pure*, Le temps qu'il fait, 1999.

La double contrainte est une injonction paradoxale tant au niveau cognitif qu'affectif car aucune réponse n'est possible.

Pour simplifier, disons que la communication paradoxale est un message structuré de manière telle que :

a. il affirme quelque chose ;

b. il affirme quelque chose sur sa propre affirmation ;

c. ces deux affirmations s'excluent.

L'exemple classique est celui d'une mère qui s'attend à une marque d'affection de la part de son enfant d'abord hésitant. Elle le lui reproche. Ensuite, l'enfant montre de l'affection, mais la mère retient l'épanchement en enjoignant son enfant de se contrôler.

Le destinataire du message paradoxal est mis dans l'impossibilité de sortir du cadre fixé par ce message, qu'il ne peut critiquer ou éviter. Si logiquement le message est dénué de sens, il possède néanmoins une réalité pragmatique qui fait qu'on

> « Ne peut pas ne pas y répondre, mais on ne peut pas non plus y réagir de manière adéquate (c'est-à-dire non paradoxale) puisque le message lui-même est paradoxal[135]. »

Par rapport aux deux tendances opposées, celle qui prescrit aux vieillards une génitalité purement mécanique, et celle qui refuse au sujet toute composante ou allusion sexualisée, les personnes âgées sont souvent mises dans cette situation de double contrainte.

En effet le système de représentation de la sexualité n'appartient pas à la seule catégorie des soignants actifs dans la force de l'âge ; il infiltre également les conceptions que les personnes âgées s'autorisent à se forger sur leur propre sexualité.

> Antonine est une ancienne professeur de français qui a toujours été célibataire. Quelques mois après son entrée en institution, elle a fait la connaissance d'un de ses voisins, Patrice, veuf et séducteur impénitent.
>
> Patrice a eu tôt fait de conquérir Antonine qui semblait ravie de la situation.
>
> Les membres de l'équipe soignante, principalement des femmes, sont enchantées de la relation entre Patrice et Antonine : elles les habillent l'un et l'autre en fonction des goûts de leur partenaire, ne manquent jamais de les mettre côte à côte à table et gloussent de les voir s'échanger des œillades et des bisous.

135. Paul Watzlawick [et al.], *Une logique de la communication*. Le Seuil, 1972, p. 213.

Par contre, elles les chaperonnent sévèrement comme des mères inquiètes, veillant surtout à ce que leur relation ne leur échappe pas.

Mais leur complicité a des limites :

- à un membre du personnel qui posait naïvement la question de savoir si l'on envisageait un jour de réunir ce couple dans la même chambre, il fut répondu « Et pourquoi pas dans le même lit, tu te crois dans un bordel ? »
- un autre jour, alors qu'Antonine, fatiguée par un épisode de grippe, peinait à mettre les pieds sur les pédales de son fauteuil afin de pouvoir se faire conduire au réfectoire, l'aide-soignante qui l'aidait, probablement fatiguée elle aussi, lui a lâché : « Si c'était pour aller embrasser Patrice, on n'aurait pas besoin de vous le dire deux fois, vous les lèveriez les jambes ! ».
- les aides-soignantes préfèrent aussi aller à deux aider Patrice à faire sa toilette « parce qu'il est clair qu'il a encore des envies ».

Néanmoins, après quelques mois d'amour fou, leur relation s'est un peu « érodée ».

Antonine et Patrice se cherchèrent de moins en moins souvent.

Patrice se mit à s'intéresser à une nouvelle pensionnaire peu farouche.

Antonine diminuée par de graves ennuis de santé se recroquevilla sur elle-même.

Mais les ferventes supportrices de leurs amours continuèrent néanmoins de les apprêter tous les jours l'un pour l'autre, de les installer côte à côte de les inscrire ensemble aux mêmes animations... alors même que depuis plusieurs mois, ils ne s'intéressaient vraisemblablement plus tellement l'un à l'autre.

Antonine résuma un jour la situation d'une phrase lapidaire :

« Si je suis amoureuse, on me le reproche. Si je ne suis pas amoureuse on me le reproche. En fait, ce que l'on me reproche, c'est d'exister ! »

Volonté gérontologique

Essayons de faire le point sur ce que nous venons de développer :

- le concept de maltraitance, comme la question de la sexualité, sont tellement multiformes qu'il est illusoire de croire pouvoir les restreindre à de simples définitions ;

- la maltraitance des personnes âgées, comme la question de la sexualité, dans les institutions, sont considérées par les soignants comme des affaires de famille secrètes ;
- la nécessaire promiscuité entre soignants et soignés imposée par les gestes techniques induit un surinvestissement défensif de la dimension tendre du soin au détriment de sa composante sensuelle ; cette tendance infantilisante est ambiguë et dérangeante ;
- la notion quotidienne de pouvoir est infiniment plus large qu'on ne le conçoit généralement ; elle infiltre tous les systèmes de valeur qui servent de support aux rapports humains ;
- le discours sur et autour de la sexualité représente une forme de pouvoir qui, non seulement tente de lisser les rapports quotidiens, mais cherche aussi à prescrire une large partie des choix sociaux ;
- la particularité du discours sur la sexualité du grand âge est qu'il tend, in fine, à déshumaniser le grand âge, et implicitement à en prescrire la suppression.

Nous avons vu aussi

- que les notions de pouvoir étaient fructueuses à étudier aussi et surtout par les contres pouvoirs qu'elles génèrent et qui sont à la base de l'émergence de nouvelles structures sociétales ;
- que nous pressentions que par l'intermédiaire du concept de maltraitance, se fondait une large partie de l'identité soignante ;
- que la question de la sexualité est justement celle sur laquelle butent en permanence la transparence et les limites de l'identité soignante.

Essayons d'aller plus loin.

Dans leur quotidien, les soignants en gérontologie sont confrontés à des personnes dont l'humanité évidente est remise en cause.

Ce sont des gens qui souvent ne parlent plus verbalement, qui « jargonnent », qui utilisent des mots un peu au hasard, qui n'étant plus en prise avec la réalité ne la comprennent plus, ce qui les rend parfois agressifs ou violents.

Ils sont souvent incontinents, apparemment imperméables aux règles de la vie sociale.

Leur gestuelle est souvent répétitive, ritualisée, surprenante.

Ces personnes ont en général besoin d'aide parfois importante pour se nourrir, se laver, se déplacer…

L'aspect de certains de ces vieillards peut être parfois repoussant au premier abord (cicatrices béantes sur le visage, odeurs de plaies…)

Bien entendu il existe un consensus de principe pour dire qu'on ne peut imaginer un être humain déshumanisé, mais l'histoire de l'humanité foisonne d'exemples d'individus ou de systèmes politiques qui ont tué, massacré et torturé d'autres personnes au prétexte qu'elles étaient plus des bêtes que des hommes.

Régulièrement, de sordides faits divers (meurtres d'enfants ou de conjoints handicapés) montrent que l'évidence de la valeur de la vie humaine peut parfois échapper même aux proches de personnes très handicapées.

Certains discours ont actuellement beaucoup de succès : ceux qui affirment que le suicide d'une personne âgée est un acte de courage, qui prônent une euthanasie pour les personnes très diminuées sur le plan cognitif...

Dans un tel contexte, l'affirmation de l'humanité de la frange diminuée et handicapée des vieillards n'est absolument pas une évidence, mais un choix d'hommes libres de leurs convictions.

Ce sur quoi il faut insister c'est sur le fait que le **principe d'humanité** repose sur un **choix,** sur une **conviction.** Jean-Claude Guillebaud le dit très bien :

« Le principe d'humanité .../... Celui que nous revendiquons ici – l'éminente dignité de l'être humain – est un choix en effet .../... Le principe d'humanité existe, parce que nous voulons qu'il en soit ainsi.

C'est à cette volonté – obstinée et joyeusement dissidente – qu'il faut dorénavant se vouer[136]. »

Cette nuance entre évidence et choix du principe d'humanité est fondamentale, et il est risqué d'en faire l'économie.

Ainsi, il est possible de défendre l'impératif d'un savoir-être indispensable pour travailler avec les clients dont nous avons à prendre soin.

Ce « savoir-être », c'est la capacité de chaque soignant à assumer la conviction qu'il n'y a pas de vie humaine sans humanité.

Bien sûr ce savoir-être peut être décliné à l'infini selon la personnalité de chacun. Il est peu probable qu'il puisse s'enseigner ; il est plutôt du registre de **l'intime conviction.**

Et cette position, véritablement militante, est d'autant plus difficile à assumer que l'on vit ou que l'on travaille en corps à corps avec des gens en grande souffrance.

Cette conception est plus vraisemblable que celle qui consiste à dire que tout est affaire de technique de soin.

En tout cas, c'est un **choix éthique.**

136. Jean-Claude Guillebaud, *Le principe d'humanité*, Le Seuil, 2001, p. 505.

Jean-Claude Guillebaud dit aussi :

> « On traite l'homme selon l'idée que l'on s'en fait, de même qu'on se fait une idée de l'homme selon la manière dont on le traite ». Cette circularité renvoie donc chacun de nous à une **responsabilité** qu'aucune science, aucune technique, aucune fatalité génétique ou mécanique ne sauraient diminuer[137]. »

En utilisant le vocabulaire de Foucault, on pourrait dire qu'un contre-pouvoir émerge en réaction au pouvoir discursif sur la sexualité des vieillards ; discours qui se construit en déshumanisant le grand âge.

Ce contre-pouvoir est porté par l'identité soignante qui affirme la valeur des personnes dont elle prend soin.

> Fernand et Simone sont mariés depuis 60 ans. À la suite des graves problèmes de santé de son mari, Simone, qui souffre de gros problèmes cognitifs a dû être hospitalisée avec lui car elle ne peut absolument pas rester seule à la maison.
>
> Ils sont donc tous les deux dans la même chambre, dans le service de soins de suite et de réadaptation.
>
> Ils se chamaillent souvent, en général parce que Fernand, qui est relié par un tuyau au détendeur d'oxygène et qui ne peut donc pas se déplacer à sa guise, demande des petits services à Simone : décrocher le téléphone, lui apporter son rasoir, aller lui remplir sa carafe d'eau..., services que, du fait de son handicap, sa femme a bien du mal à lui rendre : elle se précipite sur une pantoufle lorsque le téléphone sonne, amène le déodorant au lieu du rasoir ou se perd dans le couloir en cherchant la fontaine !
>
> Alors Fernand tempête et s'énerve, il crie et Simone, qui n'a pas la langue dans sa poche, crie encore plus fort.
>
> Au bout de quelques jours, le personnel, persuadé que Fernand qui est très cohérent, ne supporte plus sa femme, inscrit cette dernière à une activité « cuisine », afin qu'il puisse se reposer au moins de 10 h 00 à 16 h 00 (heures d'ouverture de l'atelier d'animation).
>
> Mais cette idée, pleine de bonnes intentions, ne convient ni à Fernand qui tempête plus que jamais réclamant sa femme en hurlant pendant toute son absence, ni à Simone qui tente de s'évader pour aller retrouver Fernand environ toutes les 30 secondes.

137. *Ibid.*, p. 505.

Les résidents et les soignants du service de « soins de suite » finissent par s'accommoder des éclats de voix des amoureux qui, d'ailleurs, avec le temps, s'espacent de plus en plus.

Tout semble alors aller pour le mieux, mais le service n'a pas vocation à garder les pensionnaires pendant de longues périodes et l'état de santé de Fernand ne lui permet plus maintenant de retourner à son domicile.

Après avoir pris l'avis de la famille, il est donc convenu d'inscrire le couple dans l'établissement d'hébergement pour personnes âgées dépendantes voisin.

Mais les enfants, malmenés lors des disputes incessantes de leurs parents demandent aux médecins qu'à l'occasion de ce transfert Fernand et Simone soient séparés, requête acceptée d'autant plus volontiers par les responsables qu'il n'existe pas de chambres pour couples dans l'établissement de destination.

À une semaine d'intervalle Fernand, d'abord, puis Simone, ensuite, sont « transférés » dans deux bâtiments distincts de l'unité d'hébergement.

Fernand comprend vite qu'il a été séparé « de force » de sa femme. Il décide de ne plus adresser la parole à ses enfants et parle de se suicider.

Simone, quant à elle, complètement désorientée, se met à errer dans les couloirs, et dès qu'elle arrive à échapper à la surveillance des soignants, dans le parc ou sur la route, part à la recherche de son mari.

Les soignants de l'EHPAD, émus par la situation et renseignés par leurs collègues des soins de suite de l'entente du couple, prennent souvent l'initiative de conduire Fernand et Simone l'un vers l'autre pour qu'ils passent l'après-midi ensemble - pratique très mal acceptée par les enfants qui comptent sur le temps qui passe pour voir s'améliorer la situation.

Espèrent-ils qu'à force de ne plus se voir leurs parents s'oublieront ?

La plupart des responsables désapprouvent eux aussi ces initiatives des soignants qui, à leur avis, n'ont pas d'intérêt ni de sens.

Toujours est-il que les rencontres entre les deux époux se passent très bien.

Ils restent tous les deux enfermés dans la chambre de Simone et n'en sortent que lorsqu'on vient les chercher. Le seul moment douloureux est celui de leur séparation.

Les soignants, à l'unanimité, font alors pression sur les responsables afin que Fernand et Simone soient réunis, au nom de leur désir commun.

Finalement, le couple est enfin réuni, non seulement dans le même bâtiment, mais dans la même chambre.

Malgré quelques rares éclats de voix, mari et femme semblent satisfaits.

Tout le monde se félicite de la situation : enfants, médecins, gestionnaires et chacun prétend avoir été à l'origine du rapprochement entre Fernand et Simone.

Les soignants conscients d'avoir bien fait leur travail, restent dans l'ombre, se taisent et savourent la situation !

Points clés

- *La maltraitance est très difficile à circonscrire. La multiplicité et la complexité des définitions « de référence » risquent de favoriser l'amalgame entre les cas les plus graves et ceux qui le sont moins, et d'estomper l'ambiguïté de la notion.*
- *Pour se préserver de ces dérives moralisatrices, il convient d'insister sur la notion de « prendre soin », plus large que celle de soin, et de se souvenir que, dans le contexte gérontologique, les meilleurs soignants restent ceux qui sont, ni trop, ni pas assez, mais suffisamment bons (en référence aux travaux de Winnicott).*
- *La question de la sexualité infiltre celle de la maltraitance*
    - *du fait de la prédominance féminine chez les soignants... et chez les clients ;*
    - *parce qu'elle permet de lire les mises en tension entre activité et passivité à la lumière de l'antagonisme masculin-féminin ;*
    - *par l'intermédiaire de la notion de tendresse prétendument conséquence d'une illusoire libération émotionnelle du soignant.*
- *La notion de pouvoir institutionnel concerne la sexualité et la maltraitance.*
- *Comme l'a expliqué Michel Foucault, ce qui est intéressant, ce sont les résistances que provoque le pouvoir.*
- *Si le discours sur la sexualité des vieillards, qu'il en fasse des êtres asexuels, ou qu'il leur prescrive une pratique purement « viscérale », peut être prétexte à la maltraitance, il permet aussi aux soignants, soucieux de la préservation d'un principe d'humanité universel, d'assumer une posture particulière, une volonté gérontologique, qui participent à une revendication de liberté pour les vieilles personnes dépendantes.*

Troisième partie

L'impérative transgression

Le pouvoir soignant

Cette volonté gérontologique ne s'exprime pas dans toutes les situations de crises rencontrées par les soignants.

Bien au contraire.

Il est indéniable, en effet, que les soignants, en raison de leur fonction, ont un pouvoir sur leur client.

Ce pouvoir repose pour l'essentiel sur l'ensemble des savoirs et des connaissances détenus par les professionnels. Ces savoirs explicites viennent alimenter l'exercice des professions, mais l'opacité teintée de ridicule de certains vocabulaires, par exemple, renforce le pouvoir et met la personne à distance.

Le pouvoir du soignant est aussi lié au rôle qu'il a dans une espèce de jeu « je suis le malade - je suis le soignant ». La place de chacun est tout à fait déterminante et contribue à l'instauration d'un système qui a été fréquemment décrit. Le patient est patient, il attend. Une personne est couchée l'autre est debout : on est face au ***pouvoir de la verticalité.***

Clairement, donc, et en particulier lorsque l'on soigne des personnes très déficitaires, le dispositif de pouvoir qui existe autour de la situation de soin est fragile et susceptible de déraper très facilement.

Dans d'autres situations que celles des soins au vieillards, de nombreux mécanismes de régulations sont présents : le pouvoir du client, celui de l'institution et des règles déontologiques

…

Mais dans le milieu du soin aux personnes âgées, le pouvoir du client *est souvent inexistant (parce que l'on a vite fait de le considérer comme dément).* *Le* pouvoir institutionnel *(juridique et répressif, comme le nomme Foucault), se soucie plus de faire payer les clients que de les protéger ; quant aux* règles déontologiques, *elles ne semblent concerner que les diplômés de haut rang et ne pas s'appliquer à la grande majorité du personnel en contact et en corps à corps permanent avec les résidants.*

On a d'ailleurs le sentiment que l'ensemble du système social actuel délaisse complètement les personnes âgées dès qu'elles ont trouvé place en institution d'hébergement.

Ne pas abuser de son pouvoir, pour l'utiliser au bénéfice du soigné et rentrer avec lui dans une véritable dynamique de partenariat, reste aujourd'hui un acte personnel fort qui comme nous l'avons vu relève d'un positionnement quasiment militant !

C'est ainsi que l'on peut se poser la question de savoir si, aujourd'hui, bien soigner les vieillards ne relève pas de la ***transgression ?***

Transgression de la consigne implicite qui prescrit de ne laisser vivre les grands vieillards handicapés qu'à condition de les priver de toute intimité, de tout désir, bref, de toute vie !

L'imperfection du soin

Les limites du « prendre soin » en institution d'hébergement gérontologique

> Zénaïde, vit en institution depuis maintenant trois ans. Elle ne se sait pas bien pourquoi elle ne peut pas rentrer chez elle.
>
> Cette vieille dame est très gaie, elle n'aime pas l'ambiance de la maison « parce que », trouve-t-elle, « ici on se prend un peu trop au sérieux ». Elle rit souvent d'elle-même et de l'incohérence du monde qui l'entoure (incohérence majorée par ses propres difficultés). Elle a aussi beaucoup de compassion pour sa voisine qui, très déficitaire sur le plan cognitif, se déshabille de façon compulsive le jour comme la nuit, par exemple.
>
> Même si les deux pensionnaires ont parfois un peu de peine à se supporter, le quotidien semble se passer tranquillement. La patience et le calme de Zenaïde suffisent souvent à apaiser l'inquiétude et l'agitation de sa compagne. Pour autant, elle soupire souvent en disant que « la vie ici, ce n'est tout de même pas le rêve ! »

La particularité du prendre soin auprès des personnes très âgées en institution est sa « défectuosité constitutionnelle ».

En effet, lorsque l'on est contraint d'aller finir ses jours dans un établissement d'hébergement pour personnes âgées, il est illusoire de croire que ce soit pour y couler de paisibles et calmes vieux jours.

La maladie, rupture de l'état d'équilibre que l'on nomme « santé », quelle que soit sa forme dominante (psychique ou somatique), est toujours présente et prégnante. C'est toujours la maladie, physique ou mentale, qui précipite l'entrée en institution.

Même si les clients disent entrer en établissement par choix, cette décision n'est jamais légère et sans contrainte. Le plus souvent il s'agit plutôt de la moins mauvaise solution que de la meilleure !

Et, quelle que soit l'importance des moyens matériels et humains mis à disposition du prendre soin, le mode de vie subit par le résidant relève toujours d'un **mode de vie communautaire** imposé.

Partant de là, et sans enlever aucune de leurs qualités aux soignants, médecins, gestionnaires ... de ces établissements, il est illusoire de croire qu'il soit possible de faire de cette période de l'existence des résidants une phase d'épanouissement et de bonheur absolu (mais qu'est ce que le bonheur absolu ?).

Ce constat est accentué par le fait que les personnes qui sont contraintes à aller vivre en établissement sont celles qui sont les plus en difficulté avec leur vieillissement, pour des raisons de sanitaires, familiales ou sociales !

Les soignants ont en général beaucoup de difficulté à l'admettre, mais leur mission de « prendre soin » est, dès les premières minutes de leur rencontre avec leur client, sous-tendue par cette **impossibilité.**

Conditions pour un « prendre soin » suffisamment « bon »

Le métier de soignant en gérontologie est, par définition, un métier de l'ombre qui exige humilité et modestie.

Mais les causes les plus nobles à défendre ne sont-elles pas les causes perdues d'avance ?

Et c'est parce que l'on est conscient que l'on ne peut jamais arriver à être parfait qu'il est indispensable, dans nos métiers, de **travailler** et de **retravailler indéfiniment sur soi-même** pour être, non pas le meilleur, mais le moins mauvais possible !

De la même manière, s'il convient de réclamer des moyens matériels et humains suffisants pour que les conditions d'hébergements soient décentes (ce qui est rarement le cas), il ne faut pas oublier que cela ne suffira pas pour autant à rendre les pensionnaires heureux.

En respectant ce pré-requis, il est alors parfois possible d'être suffisamment bon pour permettre de faire des petits instants du quotidien de grands moments d'éternité qui pourront alors adoucir un tant soi peu la difficulté de l'extrême vieillir... et enrichir considérablement le professionnel.

> Zénaïde était une grosse fumeuse. Un jour, alors qu'elle habitait encore dans son appartement, les pompiers ont dû intervenir parce qu'elle s'était endormie en fumant... et que son matelas avait pris feu. Heureusement les voisins avaient eu le réflexe de faire le 18 !
>
> Maintenant qu'elle vit en « long séjour », et bien qu'elle n'ait jamais eu ni l'envie ni la sagesse de s'arrêter de fumer, elle est pourtant contrainte à l'abstinence.

> Cependant, certains membres du personnel, malgré l'interdiction absolue de la direction, savent lui offrir un moment de plaisir, à la marge de la légalité, en l'emmenant discrètement fumer une « clope » de temps en temps dans le sous-sol ou dehors si le temps le permet…

Depuis plus de quinze ans que nous intervenons dans ces établissements « d'extrême séjour », nous avons souvent constaté que les véritables bonnes pratiques, celles susceptibles de construire les moments d'éternité que nous venons d'évoquer, étaient en général **à la marge de la légalité et de l'avouable.** Elles étaient le plus souvent dans la transgression de la loi officielle.

Par exemple, lorsqu'un soignant fait, sur son temps personnel, des courses (jus de fruit, boisson gazeuse, bonbons...) pour les anciens dont il s'occupe, alors qu'il n'a absolument pas le droit de manipuler leur argent, il est pourtant dans le vrai prendre-soin… mais on comprend vite qu'il est tout de même à la limite. Il pourrait aussi détourner l'argent des vieilles dames. La frontière avec l'escroquerie est mince.

Nous pouvons nous poser la question, de savoir si ce n'est pas parce que dans nos systèmes de prise en charge, la personne âgée est bafouée sur tous les plans et sur tous ses droits implicites et explicites.

Face à une telle atteinte institutionnalisée et socialement validée, le seul moyen de redonner au client une vraie valeur serait de le valoriser en marge du système.

Toutefois, et la nuance est fondamentale, ce dérapage (contrôlé) dans la transgression ne prend sens que si les besoins de base sont préalablement satisfaits (respiration, hydratation, propreté, alimentation, repos, élimination, sécurité…).

Un aide-soignant qui se contenterait de faire les courses de ses clients, sans se préoccuper de répondre à leurs appels lorsqu'ils veulent aller aux toilettes ou qu'ils demandent à boire aurait une attitude incohérente.

> Lors d'une de ces « fumeuses » séances, Zénaïde nous a dit un jour le plaisir qu'elle avait ainsi à transgresser les limites pesantes de l'institution : « Ça me rappelle mon adolescence, lorsque, avec ma sœur, nous « faisions le mur » pour aller flirter. »

La question de l'interdit est donc omniprésente et centrale pour comprendre ce qui se « joue » dans le contexte des institutions qui hébergent de grands vieillards.

Ce parallèle que nous propose Zénaïde, entre cette petite fraude institutionnelle et les tromperies envers ses parents à 17 ans, est riche de sens.

La question de la castration, est centrale pour éclaircir le paradoxe de la nécessaire transgression synonyme de « bon prendre soin ».

Nous avons vu que le dépassement du complexe de castration instaure un clivage nécessaire entre ce que l'on peut avoir et ce que l'on ne peut pas posséder. Il est d'ailleurs intéressant de remarquer que c'est par l'intériorisation de cet impossibilité/interdit que l'on arrive à renoncer à la toute-puissance.

Par définition, on ne peut parler de transgression, qu'à partir du moment ou l'interdit a été assimilé.

Le type de transgression auquel nous avons à faire, ici, avec les personnes âgées, est tout à fait particulier. Car si la transgression se définit dans son sens le plus large par l'action d'enfreindre une loi ou un interdit, elle a aussi une connotation morale (le terme a d'ailleurs été employé dans ce sens : « faute, péché » jusqu'à la fin du XVIe siècle[138]).

Pourtant, la jouissance du soignant liée à la désobéissance reste ici énigmatique. Peut-être y a-t-il une forme de jubilation à berner l'institution qui peut être vécue comme aliénante ! Mais si cette satisfaction peut exister, elle ne nous semble pas suffisante pour motiver la transgression.

Par contre, **la reconnaissance sincère, par la personne âgée, du soignant dans sa dimension d'être humain est fondamentale.**

Pour expliquer un peu mieux cette nuance difficile, faisons, comme le font souvent les théoriciens de la psychanalyse, un détour par la mythologie. Ces récits fabuleux qui ont traversés des milliers d'années sont aussi une façon de raconter sous forme de métaphore les formidables luttes passionnelles enfouies au plus profond de l'inconscient de chaque être humain.

Intéressons nous donc au *mythe de Prométhée* et à la surprenante lecture qu'en fait Freud.

138. Alain Rey, *Dictionnaire historique de la langue française*, Le Robert, 1992, p. 3892.

Prométhée

Le mythe

Résumons brièvement le mythe :

«.../ Les dieux créèrent ensuite les êtres vivants en les façonnant avec de la terre glaise. Sans s'en rendre compte, ils avantagèrent les animaux aux dépens des humains.

Les premiers en effet reçurent les qualités physiques qui leur permettaient de s'adapter parfaitement au milieu naturel. Les uns, comme les ours obtinrent la force ; d'autres plus petits comme les oiseaux, eurent des ailes pour s'enfuir. Le partage paraissait équitable et les qualités s'équilibraient entre les diverses espèces. L'une d'elles, cependant, avait été oubliée : l'espèce humaine. Avec leur seule peau, les hommes ne pouvaient supporter le froid et leurs bras nus n'étaient pas assez robustes pour combattre les bêtes sauvages. La race humaine était menacée de disparition...

À ce spectacle, Prométhée, le fils du titan Japet, se prit de pitié pour les faibles mortels. Il savait que leur intelligence leur permettait de se fabriquer des armes et de se construire des abris s'ils en avaient les moyens, mais pour cela il leur manquait un élément essentiel : le feu.

Or les dieux conservaient jalousement la précieuse flamme. Prométhée, dut se faufiler discrètement dans la forge d'Héphaïstos, le dieu du feu, pour dérober la lueur qu'il porta chez les hommes en la dissimulant dans une racine.

Ce vol ne fut pas longtemps ignoré de Zeus. Dès qu'il aperçut l'éclat d'une flamme chez les mortels, le puissant souverain laissa éclater sa colère. Il fit aussitôt le serment de se venger des hommes et de leur bienfaiteur Prométhée .../... À l'aide de liens inextricables qui lui entravaient douloureusement les bras et les jambes, Zeus le fit attacher à un rocher. Ainsi exposé sans pouvoir se défendre, Prométhée subissait chaque jour les assauts d'un aigle qui venait lui dévorer le foie. Et chaque jour, pour son supplice, son foie se reformait. En échange d'un bienfait Prométhée reçut donc un terrible châtiment[139]. »

139. Claude Pouzadoux, Frederik Mansot, *Contes et légendes de la mythologie grecque*, Nathan, 1994, pp. 29- 32.

Une interprétation du mythe

L'analyse que Freud a faite de ce mythe[140] nous intéresse beaucoup car elle est particulièrement originale en ce qui concerne l'interprétation de la transgression de Prométhée.

« Ainsi Prométhée serait un héros de la « transgression » (comme on dit aujourd'hui), un héros de l'appropriation de la jouissance sans fin .../... Mais, voici la surprise : cette interprétation qui semble vraiment aller de soi, cette sorte d'allégorie de la transgression et de la réappropriation de la jouissance, **rien de cela dans l'analyse de Freud ;** et c'est là qu'il faut véritablement regarder les choses de très près. Prométhée n'est pas un héros de la jouissance et de la transgression, hypothèse que n'envisage même pas Freud, c'est au contraire, le héros du **renoncement :** renoncement à cette jouissance qui consiste à éteindre le feu. Mais alors, comment comprendre que les dieux sont trompés ? Les dieux sont bien trompés, ces dieux jouisseurs, mais ce n'est pas parce que les hommes prennent leur dû, qui aurait été en eux aliéné. Les dieux qui sont trompés, les dieux jouisseurs **c'est le « ça » en nous ;** c'est le ça qui est trompé puisque précisément Prométhée a privé le ça de sa jouissance ; non pas pour apporter cette jouissance à quelqu'un d'autre, mais pour imposer un renoncement définitif[141]. »

D'après la théorie analytique à laquelle se réfère Jean Laplanche, le « ça » est la partie « animale » qui est en nous, le siège de toutes nos pulsions, les plus contradictoires et les plus inavouables.

Et l'on comprend la signification du châtiment infligé à Prométhée puisque le foie, chez les anciens, c'est le siège de toutes les passions et de tous les désirs (c'est, grosso modo, le ça de la psychanalyse).

Prométhée est donc puni par là, non pas où il avait péché, mais par là où il avait fait souffrir l'organisation sociale.

Car toute institution est un lieu qui ne peut empêcher l'émergence de ce qui a été à son origine et contre quoi elle est apparue à l'existence : **la violence fondatrice.**

Malgré les efforts que les institutions mettent en oeuvre pour masquer les conditions de leur naissance, elles sont et demeurent les héritières d'un ou de plusieurs crimes[142] !

140. Sigmund Freud, Sur la prise de possession du feu, trad. J. Laplanche et J. Sédat, in *Résultats, idées, problèmes, II*, PUF, 1985 (trad.), 1932.

141. Jean Laplanche, *Problématiques 3 : la sublimation*, PUF, 1980, p. 164.

142. Sigmund Freud, *Totem et tabou*, Payot (1965 édition française), 1913.

Dans le cas qui nous préoccupe, l'institution gérontologique existe d'abord par la violence de la mise à l'écart de la société et de l'aliénation du vieux. Vieux que chacun de nous sera un jour.

Insistons un peu sur la place de la personne dans l'institution :

« Les institutions sont des systèmes imaginaires en tant que l'institution va essayer de prendre les sujets au piège de leurs propres désirs d'affirmation narcissique et d'identification, dans leurs fantasmes de toute puissance ou de leur demande d'amour, en se faisant fort de pouvoir répondre à leurs désirs dans ce qu'ils ont de plus excessif et de plus archaïque .../... Systèmes imaginaires également en tant que l'institution va les assurer de ses capacités à les protéger de la possibilité du vacillement de leur identité, de leurs craintes d'effondrement, de l'angoisse de morcellement réveillée et alimentée par toute vie communautaire, en leur procurant les cuirasses solides du statut et du rôle (constitutives de l'identité sociale) et de l'identité massive de l'institution.

En leur promettant de tenter de répondre à leur appel (angoisses, désirs, fantasmes, demandes), elle tend à substituer son propre imaginaire au leur .../...

Apparaissant à la fois comme sur-puissante et comme d'une extrême fragilité, multipliant les images les plus contradictoires ou les plus contrastées, mais toujours celles qui provoquent crainte et tremblement, amour et aliénation, elle vise à occuper la totalité de l'espace psychique des individus qui ne peuvent plus se « décoller » d'elle et imaginer d'autres conduites possibles. Elle les étouffe et les embrasse, elle les tue et les fait vivre. Le jour où ce chatoiement imaginaire ne peut plus jouer ou peut être démystifié, alors chaque membre se met à jouer son propre jeu (avec ou contre l'institution) et celle-ci, mise à nu, se transforme en une simple organisation de travail avec ses règles et ses codes, c'est à dire en un lieu où les passions s'apaisent et où l'imaginaire n'a plus vocation de régner[143]. »

Ce qui vaut sa terrible punition à Prométhée, c'est qu'en renonçant à ses tendances pulsionnelles au profit de l'humanité, il met celle-ci en position de débiteur par rapport à lui. Et Zeus, qui est le paradigme du Dieu jouisseur et dominateur auquel il peut sembler bon de s'identifier, ne choisit pas le châtiment au hasard puisqu'il montre à la communauté des hommes combien leurs désirs les plus inavouables (issus du ça, symbolisés par le foie) ne peuvent être anéantis et renaissent chaque jour (le foie de Prométhée repousse chaque jour).

143. Eugène Enriquez, Le travail de la mort dans les institutions, in *L'institution et les institutions, Études psychanalytiques,* sous la direction de R Kaes, Dunod, 2003, (http://psychiatriinfirmiere.free.fr/infirmiere/formation/psychologie/psychologie/mort.htm).

Le renoncement pulsionnel de Prométhée qui était de nature « anti-sexuel », est châtié par l'exhibition de la vigueur de sa pulsionnalité et par là même de la nature incohérente de son crime.

La transgression soignante

Limites

Avant de voir en quoi le parallèle entre la transgression de Prométhée et celle qui apparaît importante pour un prendre soin de qualité peut nous éclairer, insistons un peu sur les particularités de cette dernière.

Il ne s'agit en effet pas de défendre un manquement systématique à l'ensemble des règles en usage dans le prendre soin des personnes âgées.

Tout d'abord, il est important de préciser que ce que nous appelons transgression correspond à ces petits « manquements à la règles », à ces « tricheries », comme les nomme Christophe Dejours[144], à ces petits « plus » qui donnent du sens à l'acte de soigner !

La transgression ne semble impérative, pour ceux qui « prennent soin », que lorsque l'on est dans le cas de personnes vivant, pour de longues durées et sans l'avoir réellement choisi, en position d'extrême soumission à un environnement qui ne leur est pas familier.

Ces manquements aux règles ne peuvent se défendre que lorsque les soins de bases que le « fraudeur », de part sa compétence, est en devoir de dispenser, ont été faits et bien faits.

Une infirmière qui se contenterait d'accompagner les résidants au bureau de tabac, alors même qu'elle négligerait de surveiller la prise de leur traitement et d'assurer les soins, aurait une attitude peu défendable.

Le geste d'un aide-soignant qui apporterait des sucreries à une vieille dame, mais qui prétexterait le manque de temps pour ne pas la conduire aux toilettes, aurait peu de valeur.

Une assistante sociale qui, sur son temps libre, ferait des démarches pour retrouver l'amie d'enfance d'une pensionnaire, alors qu'elle la laisserait, par ailleurs, rentrer chez elle en plein hiver sans se soucier de savoir si sa maison sera chauffée en arrivant, serait un piètre exemple.

144. Christophe Dejours, Prescription, transgression et souffrance dans le travail, in *La transgression des règles au travail*, L'Harmattan, 1996.

Un kinésithérapeute qui irait nettoyer la tombe de la grand-mère d'une résidente sans famille avant la Toussaint, mais qui refuserait de masser et de mobiliser la cliente qui lui avait demandé d'aller au cimetière aurait une attitude pour le moins paradoxale.

Ces exemples que l'on pourrait multiplier à l'infini permettent de comprendre que ce dont il est question, dans la transgression, c'est de **réinterroger les limites du « prendre soin ».**

« La transgression n'est pas qu'un chemin du négatif. Si elle vient forcément se frotter à la frontière, à la limite, au cadre, aux normes, ce n'est pas uniquement pour les transcender, pour les détruire, mais aussi pour les faire vivre ou revivre, les sortir des lourdeurs statiques de leurs résistances et les propulser vers d'autres lieux, d'autres entendements, d'autres sens[145]. »

Néanmoins,

> « Il confronte également le sujet aux représentants des lois à travers les instances oppressives et répressives du corps social[146]. »

Nous avons vu dans un chapitre précédent, à propos des limites de l'interdisciplinarité, combien il est fréquent d'avoir des équipes dans lesquelles la préoccupation essentielle est de « ne pas avoir une tête qui dépasse des rangs ». Nous avions défendu l'idée d'un niveau de conflictualité minimum indispensable au bon fonctionnement du groupe.

C'est dans ce « maintien en tension » que le fonctionnement transgressif trouve sa place.

C'est parce qu'il s'autorise à en faire un peu plus que la tâche prescrite que le soignant peut exister, non seulement comme professionnel mais aussi comme être humain.

Bien entendu, par un tel positionnement, légèrement marginal par rapport aux valeurs du groupe, le transgresseur s'expose.

Mais si, par définition, la transgression se passe autour des limites, il n'est pas question de les ignorer, plutôt de les faire « jouer ». Un soignant qui s'éloignerait exagérément, tous azimuts et sans retenue, de son statut professionnel risquerait l'envahissement de sa sphère privée ce qui lui interdirait alors dangereusement toute prise de recul par rapport aux enjeux de soins.

La transgression des règles au travail peut ainsi être productive, à condition, toutefois, de répondre à certaines **exigences** sur lesquelles nous reviendrons.

145. Alex Lefebvre, D'une transgression, l'autre, in *Cahier de psychologie clinique n° 5*, De Boek-Larcier, 1995, p. 7.

146. *Ibid.*, p. 7.

Spécificités

Ce que nous appelons transgression, en fait, correspond à un **investissement,** par le professionnel, du résident âgé au-delà de ce que l'institution est en droit d'attendre de son personnel.

Cette « violation » des règles établies n'est pas forcément spectaculaire ni coûteuse en temps. Ce peut être simplement, par exemple, si le geste est naturel pour le soignant, de faire la bise aux résidants. On voit mal en effet comment une institution pourrait demander à son personnel d'en faire une règle, et l'on comprend bien que si c'était le cas, cette marque de tendresse perdrait toute signification.

Par cet exemple, on comprend que le statut de ce « travail psychique » de la transgression appartient à des logiques non verbales difficiles à systématiser :

> « La transgression parle ailleurs et différemment, je dirais même qu'elle nous agit plus qu'elle nous parle, nous la vivons plus que nous ne la comprenons, c'est peut-être la raison pour laquelle son être véritable semble échapper à toute saisie conceptuelle[147]. »

Revenons maintenant à Prométhée. Ce sauveur de l'humanité prend pitié des hommes et sacrifie sa tranquillité pour leur fragilité et la confiance qu'il place en eux.

Alors que nous dit ce mythe ?

Peut-être que pour prendre soin des plus faibles (les hommes, les vieillards) il faut savoir ne pas céder à ses tendances pulsionnelles destructrices.

Mais renoncer ne veut pas dire être dupe de soi-même et de ses tendances inconscientes (si Prométhée est exposé souffrant de la vigueur de sa pulsionnalité, c'est pour lui rappeler qu'il n'en est pas totalement libre).

Pour bien prendre en charge les personnes âgées handicapées, dans le contexte actuel de notre société hyper individualiste, il convient de ne pas être dupe de ce que nous suggère fortement une partie de la pensée contemporaine : « abandonnez les, mettez les à mort, ce sont des déchets ! »

« Ainsi la transgression joue sur cette zone de fêlure dans l'être face à un monde qui le tire vers le principe de réalité[148]. »

À l'évidence, lorsqu'on les côtoie quotidiennement, ces vieux, on se rend bien compte qu'ils restent humains et valent notre investissement !

Mais,

147. Roger Dorey, Penser la transgression, in *L'interdit et la transgression*, Dunod, 1993, p. 2.

148. Vincent Estellon, Transgression, folie du vivre ?, in *Les transgressions, Champ Psychosomatique n° 38*, L'esprit du temps, 2005, p. 150.

« Le groupe impose à ses sujets un certain nombre de contraintes psychiques qui concernent, les abandons ou les effacements d'une partie de la réalité psychique .../... Le groupe impose, à leur lieu et place des contraintes de réalisation pulsionnelle et il en prescrit les voies d'accomplissement[149]. »

Donc, ce que le groupe interprète comme un renoncement pulsionnel (le refus de mise à mort symbolique du vieux) correspond plutôt à une réorientation de la passion sur un objet disqualifié socialement (la com-passion envers le vieux).

Motivations de la transgression

Cette théorie sur la transgression soulève une grande interrogation : au-delà des motifs d'origine sociétale (refus du mépris pour les vieillards), quelles sont les motivations individuelles de tel ou tel soignant particulier pour transgresser ?

D'après Christophe Dejours, la transgression des règles au travail conduit à différents types d'infractions dont :

« L'infraction pour soi qui est faite sans intention de nuire mais pour soi, pour son désir, son plaisir ou ses convictions[150]. »

La question du désir est centrale :

« Du point de vue psychodynamique il y a transgression seulement dans le cas ou le désir est au rendez-vous. C'est-à-dire lorsque cédant à son désir, un sujet contrevient à un règlement, un contrat, une loi ou un interdit[151]. »

Mais une transgression peut n'avoir aucun intérêt pour la stabilité ou l'évolution d'une organisation, elle peut même conduire à la déstabiliser gratuitement ; il faut aller plus loin que le désir et s'interroger sur le plaisir apporté par la « tricherie ».

« On peut affirmer qu'en général le plaisir lié à une infraction en situation de travail ne vient pas de l'infraction ou de la transgression elle-même. Il vient plutôt du résultat que l'infraction ou la transgression permet d'atteindre. Et ce résultat apporte plaisir ou satisfaction lorsqu'il correspond à une victoire sur le réel du travail[152]. »

Cette victoire sur le réel du travail coïncide bien avec nos observations sur le prendre-soin gérontologique.

149. René Kaes, *Le groupe et le sujet du groupe*, Dunod, 1993, p. 202.

150. Christophe Dejours, Prescription, transgression et souffrance dans le travail, in *La transgression des règles au travail*, L'Harmattan, 1996, p. 110.

151. *Ibid.*, p.110.

152. *Ibid.*, p. 111.

Un soignant qui se contente uniquement de dispenser des actes de soin (faire des changes, faire manger, faire marcher…) auprès de ses clients, même avec courtoisie et gentillesse, se trouve rapidement dans une impasse relationnelle puisque, à la base, la personne prise en charge ne peut se satisfaire de sa situation.

L'institution gérontologique se trouve ainsi dans la même problématique que des établissements totalitaires comme les prisons, à la différence qu'en EHPAD, la seule faute du « client », est d'être vieux et malade.

C'est pourquoi un soignant qui s'autorise à exister et à penser, en marge de l'hypocrite réel du travail gérontologique, a infiniment plus de possibilité d'entrer dans une véritable dynamique d'échange réciproque avec les personnes âgées et donc d'être plus efficient.

Mais la parole des clients âgés est tellement peu prise en considération, dans les établissements les prenants en charge (ils sont trop souvent disqualifiés sous prétexte de démence), qu'elle est institutionnellement insuffisante pour permettre de « valider » la transgression.

> « La transgression ou la tricherie apporte du plaisir lorsqu'elle fait l'objet d'un jugement spécifique : celui qui, proféré par autrui, accorde secondairement à la tricherie le statut d'une trouvaille, d'une expression de l'ingéniosité, de l'habileté, du talent, de l'intelligence[153]. »

> « L'ambiguïté fondamentale inhérente à la transgression comme au réel du travail, ne peut souvent être levée que grâce à la parole et à l'explication verbale du tricheur, c'est-à-dire grâce au récit. Les faits ne parlent pas d'eux-mêmes. Ce sont les sujets qui font parler les faits[154]. »

Nous arrivons ainsi à une composante essentielle de la transgression. Pour éviter les dérives et pour permettre au « tricheur » d'être reconnu comme un créateur plus que comme un perturbateur, **il faut qu'il ait la possibilité de s'expliquer sur sa conduite !**

« La compréhension du sens d'une tricherie ou d'une infraction, et sa légitimation par autrui, confèrent au sujet la reconnaissance de sa contribution à l'organisation du travail. C'est une rétribution symbolique de très haute portée vis-à-vis de la dynamique entre souffrance et plaisir[155]. »

Dans le cas des transgressions dynamisantes que nous défendons, les deux motifs principaux de non-reconnaissances sont dus :

- au fait que le transgresseur se tait, soit parce qu'il est court-circuité par le système hiérarchique institutionnel, soit parce qu'il est incapable de « mettre

153. *Ibid.*, p. 112.

154. *Ibid.*, p.113.

155. *Ibid.*, p. 113.

en mots » sans aide sa tricherie, soit parce qu'il est prié de ne rien dire (au cas ou sa reconnaissance puisse mettre en péril le ronronnement du quotidien, confortable uniquement pour ceux qui sont éloignés du terrain) ;

- à la méconnaissance par les juges et les arbitres des pratiques professionnelles du réel du travail (cadre de santé, directeur des ressources humaines...), ce qui est extrêmement fréquent.

Marcel est orthophoniste dans un EHPAD depuis une quinzaine d'année. Sans faire de vagues, patiemment, il a solidement implanté une véritable culture d'établissement concernant la communication ; sous son impulsion, l'ensemble du personnel est soucieux de préserver les possibilités d'expression de chacun des résidants jusqu'à leur extrême fin de vie. Dans un souci permanent de douceur et de coopération avec les pensionnaires, toute période de régression est relayée par une prise en charge rééducative précoce et biquotidienne, les clients les plus fragiles sont vus régulièrement...

Tous les collaborateurs proches de Marcel, les résidants et leur famille apprécient beaucoup son travail et le lui disent souvent, ce qui l'encourage et le motive.

Mais à l'occasion d'un changement de directeur dans le centre hospitalier auquel est rattaché l'EHPAD, pour faire face à la pénurie d'orthophoniste dans les services de court séjour, il est envisagé de muter Marcel en « médecine ». Celui-ci est alors amené à se défendre comme un beau diable, à demander le soutien de l'ensemble des équipes de gériatrie, des familles, des pensionnaires, et finalement de mettre sa démission dans la balance.

Après quelques mois, le nouveau directeur, qui a mesuré la qualité du travail sur la communication en EHPAD, revient sur son projet et finit par convenir que Marcel n'est pas un « tire-au-flanc planqué en gériatrie » (sic), mais que son travail répond à un réel besoin.

À l'issue de cet épisode, Marcel se rend compte de la fragilité de l'originalité de son positionnement professionnel et prend la décision d'écrire chaque année un court rapport d'activité pour laisser une trace administrative de sa philosophie de soin.

Dans ce document, en plus du compte-rendu qualitatif et quantitatif de son activité, il s'autorise quelques remarques sur le déroulement de l'année écoulée ainsi que quelques suggestions pour optimiser la prise en charge à l'avenir.

Pendant dix ans, les directions successives (qui changent en moyenne tous les deux ans) font un bon accueil à ce document qui permet à Marcel d'avoir suffisamment de « visibilité administrative » pour n'être pas contraint de devoir se défendre perpétuellement de ne pas pouvoir intervenir sur les services de médecine.

Mais à l'occasion d'un nouveau changement dans l'équipe de direction, Marcel est convoqué par un des responsables qui, vexé par une remarque du dernier rapport d'activité concernant le manque de cohérence d'un de ses projets, interdit dorénavant au service d'orthophonie de faire circuler le moindre rapport d'activité.

La maison de retraite « Les émeraudes » appartient à une importante société cotée en bourse qui possède également plusieurs chaînes hôtelières. Le prix de journée y est élevé et les employés sont, pour la plupart, mal payés. Malgré cela, Fatima fait son travail avec compétence, douceur et gentillesse. Le personnel travaillant le matin est si peu nombreux que les soins d'hygiène (toilettes) se terminent rarement avant 12 h 30. Il faut préciser que les soignants font, pour la majorité d'entre eux, des horaires coupés de 8 h 30 à 13 h 00 et de 17 h 00 à 19 h 30.

Fatima, qui supporte mal de voir certains clients se morfondre dans leur lit jusqu'à 12 h 00 pour ensuite devoir enchaîner coup sur coup toilette et déjeuner, arrive en général à 7 h 45, ce qui lui permet de finir les toilettes avant 11 h 30 et d'aider sereinement au repas dès 11 h 45. Avec cet horaire, à 12 h 30 elle pourrait laisser ses collègues en poste continu finir le débarrassage et le rangement de la salle à manger. Il lui suffirait alors, le soir, de commencer un quart d'heure plus tard pour avoir des horaires de travail conformes à la loi.

Avec quelques collègues, après avoir expérimenté ce début de poste plus matinal (mais à ce stade de l'expérimentation, en partant aux mêmes heures, donc en donnant gratuitement de leur temps à l'institution), Fatima se rend compte que les résidants sont mieux pris en charge ainsi.

Elle tente donc de prendre rendez-vous avec la directrice… qui ne vient dans l'établissement qu'une ou deux fois par mois ! Au bout de plusieurs semaines d'insistance, la patronne lui accorde « cinq minute, pas plus ! ». Elle expose son projet, mais est vite arrêtée : « pas question, les personnes âgées, ça aime dormir tard ! »

Transgression, institution et maltraitance

Par son comportement transgressif le soignant devient menaçant pour le groupe en charge des valeurs institutionnelles puisqu'il n'obéit pas aux impératifs fixés de réalisation pulsionnelle.

Et, aspect non négligeable, en réinvestissant le vieillard en marge du système de prise en charge, comme un être humain, il le réintègre comme membre de la communauté à laquelle on peut être susceptible de s'identifier.

S'il est un être humain, comme nous, susceptible d'être investi, alors tout un chacun est susceptible de devenir comme lui.

> « Ce qui peut justifier la transgression, c'est lorsqu'à côté de sa visée utilitaire elle se double d'une intention dans le registre du juste, du bien, c'est-à-dire dans le registre des valeurs[156]. »

Et on aura compris que concernant les valeurs, l'écart entre celles défendues implicitement par l'institution et celles qui motivent le « tricheur » est fondateur du phénomène de transgression.

Burn-out

Le soignant, qui pour une raison ou pour une autre ne pourra ou ne saura assumer (notamment par le biais de la transgression) ce paradoxe entre le principe d'humanité qu'il défend et la réalité du travail que l'institution lui prescrit, risque d'en subir les conséquences dans son équilibre psychosomatique.

> « Le déni du couple indissociable « réel du travail/tricherie » a des incidences majeures sur la santé des travailleurs. Ce déficit de discussion sur cette dimension de la réalité est une source de non-reconnaissance, désastreuses pour la santé des travailleurs dont la créativité est placée d'avance sous le sceau du blâme[157]. »

On arrive ainsi inéluctablement au phénomène de *burn-out,* ou syndrome d'épuisement professionnel, qui peut se définir comme la perte de motivation d'une personne pour son travail, surtout quand la forte implication de cette personne n'a pas produit les résultats désirés[158].

Dans le syndrome d'épuisement professionnel du soignant, *trois volets* ont été décrits[159] :

- *l'épuisement émotionnel :* le soignant, à force d'être dans le déni des émotions que lui font vivre les situations de soin, en arrive à fonctionner comme un robot. Il va avoir tendance à fuir les clients qui réveillent en lui des sen-

156. *Ibid.*, p.114.

157. *Ibid.*, p. 117.

158. http://fr.wikipedia.org/wiki/Burnout_(m%C3%A9decine)

159. Michel Delbrouck, *Le burn-out du soignant*, De boeck, 2003, p.40.

timents trop forts. C'est principalement le système de valeurs dans lequel il évolue qui lui dicte cette impossibilité ses émotions.

> Élodie a tout juste dix-huit ans, lorsqu'elle est embauchée dans un service de gériatrie ; elle découvre à la fois le monde du travail et un milieu très particulier. Une résidente, notamment, lui inspire beaucoup de sympathie. Aphasique, elle pleure souvent et se calme en général lorsque Élodie lui prend la main et reste quelques minutes à lui caresser les cheveux. Mais un jour qu'une infirmière les surprend dans ce moment d'apaisement, elle réprimande Élodie en lui expliquant que les pleurs de la vieille dame n'ont rien à voir avec de la tristesse, qu'ils sont d'origine neurologique (?) « pseudo-bulbaires » lui précise-t-elle. Élodie veut bien la croire, mais elle a le cœur d'autant plus gros maintenant lorsqu'elle voit sangloter la vieille dame qu'elle n'ose plus venir la consoler.

- *la déshumanisation de la relation à l'autre :* c'est la conséquence directe du premier volet: « Puisque les émotions me débordent, mettons-les de côté ». Cette déshumanisation est redoutable dans le prendre-soin gérontologique parce qu'elle est totalement incompatible avec le principe d'humanité indispensable pour maintenir une signification à la prise en charge des personnes âgées les plus déficitaires.

- *le sentiment d'échec professionnel :* le choix d'une profession de soignant repose toujours sur un projet personnel humaniste ; une fois engagé dans la spirale du burn-out, il est évident que le réel du travail met la personne devant un obligatoire renoncement à ses idéaux.

Nous sommes convaincus que l'épuisement professionnel n'est pas une fatalité ; il est incontestablement lié à un refoulement trop massif de la composante émotionnelle de la relation de soin.

Les allusions à la sexualité sont toujours très chargées émotionnellement et une des premières manifestations de l'épuisement professionnel conduit à disqualifier avec vigueur toutes celles qui « parasitent » le prendre-soin gérontologique.

Nous avons vu qu'il est peu vraisemblable qu'il suffise de simplement positiver les émotions pour mieux pouvoir les gérer (cela paraît en tout cas particulièrement difficile quant à la sexualité), par contre il est indispensable de ne pas être dans le déni de leur existence pour rester en harmonie avec soi-même.

La transgression reste probablement un des meilleurs procédés pour s'accepter tel que l'on est et pour prendre un peu de recul par rapport à la dynamique de l'institution gérontologique.

Il est important de préciser que les soignants ne sont pas égaux devant le risque de burn-out; les facteurs internes, la structure de personnalité sont des éléments important de robustesse ou d'effondrement[160].

De la même façon, la limite à atteindre, pour que le soignant s'éprouve suffisamment transgressif pour pouvoir investir convenablement le résidant âgé, est liée non seulement au contexte, mais aussi à la structure de personnalité du professionnel.

Cela veut dire qu'un comportement qui sera vécu comme une transgression par une aide-soignante (par exemple emmener une personne âgée dehors pour fumer avec elle sur un banc) pourra faire partie de la routine institutionnelle pour une autre.

Cet élément renforce l'évidence qui affirme qu'**une transgression par définition ne se prescrit pas.**

Une position à risque

Le soignant transgresseur, en se positionnant dans un système de valeurs plus cohérent, ne peut tolérer aussi facilement les déviances maltraitantes sur lesquelles l'institution ferme les yeux.

Il a alors beaucoup plus tendance à dénoncer les abus, les négligences et les insuffisances.

Malheureusement, ces accusations ont rarement d'autres effets que de mettre le « trangresseur » en danger.

Car la nature paradoxale de la transgression, qui joue avec les limites et qui refuse un système de valeur inavouable, en fait un « bouc émissaire » de choix.

« L'institution peut être tentée de rechercher un coupable pour réduire la maltraitance à un acte individuel[161]. »

> Valérie est aide-soignante depuis dix ans. À la suite d'un changement d'affectation de son mari, elle a demandé, elle aussi, à être mutée dans une petite ville du centre de la France. Passionnée par la gérontologie, elle juge éprouvants ses premiers jours de travail dans l'hôpital local. Ses nouvelles collègues sont complètement désabusées, les personnes âgées sont abandonnées dans leurs lits, rarement levées, presque toutes grabataires.

160 *Ibid.*, p.31.

161 Françoise Bas-Theron, Christine Branchu, Évaluation du dispositif de lutte contre la maltraitance des personnes âgées et des personnes handicapées mis en oeuvre par les services de l'État dans les établissements sociaux et médico-sociaux, Rapport de l'IGAS n°2005 179, 2006, p. 8, (http://lesrapports.ladocumentationfrancaise.fr/BRP/064000352/0000.pdf).

Mais Valérie est une battante, elle ne se laisse pas envahir par le fatalisme ambiant, et s'évertue à mettre au fauteuil, au moins pendant le temps du repas, tous les résidants qui ont encore des amplitudes articulaires permettant la station assise. D'emblée, elle se fait dans l'équipe une réputation d'enquiquineuse qui alourdit la charge de travail de ses collègues parce qu'il leur faut remettre au lit l'après-midi les personnes âgées. Le médecin, peu concerné par le bien-être des clients, ne soutient que très mollement le dynamisme de Valérie.

Aussi lorsqu'un monsieur qui a pris goût à son lever quotidien se casse le col du fémur en tentant de se lever seul pour aller aux toilettes, beaucoup de soignants y voient une conséquence de l'activisme de Valérie... qui était en repos ce jour-là. Plusieurs de ses collègues lui reprochent vertement d'être « véritablement maltraitante ». Seule contre tous Valérie présente sa démission.

Le service reprend son ronronnement inhumain et l'équipe soignante est unanime pour se féliciter du départ de la dangereuse et perverse maltraitante qu'était Valérie.

Le caractère particulier de cette transgression vient aussi du fait qu'elle se joue dans le milieu institutionnel soignant.

Particularités de l'institution de soin

Les institutions, sont peuplées d'individus occupant par nature des positions asymétriques. L'institution familiale, du fait même de l'inachèvement de l'enfant, place celui-ci dans une situation de dépendance totale ; l'école institue une séparation entre un maître, gardien du savoir, et un élève, en apprentissage ; l'armée instaure une différence fondamentale entre le commandant et le soldat, etc.

L'institution thérapeutique ne déroge pas à cette asymétrie. Elle aussi, place d'un côté les médecins, infirmiers, aides-soignants, possesseurs de techniques plus ou moins sophistiquées... et des clients qui peuvent être définis, en première analyse, comme objets de ces techniques.

Mais elles offrent une modalité d'existence particulière : si, dans les autres institutions, les relations ne sont asymétriques que pour un temps, si donc l'enfant peut devenir un père, l'élève un maître, le soldat un commandant, il n'en est pas de même dans les institutions de soins[162].

162. Eugène Enriquez, Le travail de la mort dans les institutions in *L'institution et les institutions Études psychanalytiques* sous la direction de R. Kaes, Dunod, 2003, http://psychiatriinfirmiere.free.fr/infirmiere/formation/psychologie/psychologie/mort.htm).

Dans les institutions pour personnes âgées dépendantes, il est certain que la vieille dame handicapée ne deviendra plus jamais aide-soignante dans un service de gériatrie, d'autant plus si elle est atteinte d'une maladie dégénérative incurable (situation extrêmement fréquente). Cette particularité réduit significativement les possibilités d'identification et d'empathie des soignants envers leurs clients.

C'est pourquoi, dans ce milieu, le risque de maltraitance est majeur. Le meilleur moyen de le maîtriser, reste ce choix obstiné et dissident du principe d'humanité que nous avons nommé **« volonté gérontologique ».**

La question du domicile

Tout au long de ce texte, nous n'avons cessé d'égratigner la réalité des institutions pour personnes âgées. Cette position est dans l'air du temps[163]. Il nous faut pourtant revenir sur certains points.

Tout d'abord, il est évident que l'institution n'est pas qu'affaire de murs. Il y a des services de soins à domicile qui fonctionnent de telle façon que toutes les dérives que nous avons dénoncées existent. À l'inverse, en institution la maison de retraite est le domicile de la personne âgée :

> « L'espace privatif doit être considéré comme la transposition en établissement du domicile du résident[164]. »

Dès lors que le handicap oblige à s'appuyer sur autrui, la frontière entre domicile et institution n'est pas si nette que cela :

> Lors de son séjour dans le service de soins de suite et de réadaptation, Alice, qui est atteinte d'une grave maladie rhumatismale évolutive, a clairement affirmé son désir non négociable de rentrer chez elle. À l'issu de son séjour, malgré un handicap considérablement invalidant, elle y retourne donc, l'ergothérapeute s'étant chargée de la coordination des aidants.
>
> Trois semaine plus tard, Alice bien que stable sur le plan médical est de nouveau accueillie dans le même service, à sa demande, et cette fois-ci pour envisager un « placement » en institution. Lorsqu'on lui demande les raisons de son renoncement à vivre chez elle, elle explique que trois aides-soignantes, deux infirmières, quatre auxiliaires de vie, un kinési-

163. Philippe Bas, *Plan solidarité - grand âge*, 27 juin 2006, (http://www.personnes- agees.gouv.fr/point_presse/d_presse/plan_solidarite/dossier_de_presse.pdf).

164. Arrêté du 26 avril 1999 fixant le contenu du cahier des charges de la convention pluriannuelle prévue à l'article 5-1 de la loi no 75-535 du 30 juin 1975 relative aux institutions sociales et médico-sociales, Journal Officiel Numéro 98 du 27 Avril 1999 page 6256.

> thérapeute, un médecin, deux voisins, la personne chargée de livrer ses repas, celle chargée de l'entretien de ses appareils médicaux... avaient la clé de sa maison. Tout ce petit monde rentrait et sortait de son petit appartement depuis l'aube jusqu'à tard le soir, rangeant ou dérangeant leur matériel à leur convenance sans toujours se soucier de l'avis d'Alice. En bref, bien qu'étant chez elle, elle ne se sentait plus chez elle, et arrivée à ce point, elle se rendait compte que la vie en institution lui pèserait moins.

Néanmoins de telles situations sont extrêmes ; la plupart du temps, pour une personne âgée, le logement est porteur d'une large partie de son identité. C'est en général l'endroit où s'est construite son histoire ; les lieux sont liés à des souvenirs qui sont autant d'étais à sa fierté et à la continuité de sa mémoire

À domicile, si les atteintes à la pudeur et les désérotisations consécutives aux actes de soins sont toujours possibles, l'intimité est en général beaucoup mieux préservée qu'en institution.

D'autre part, le rouleau compresseur de la routine institutionnelle qui « écrase tout ce qui ne parvient pas à s'aplatir » n'a pas la même puissance lorsque les personnes vivent chez elles.

Il est incontestable que dans leur ensemble les acteurs du prendre-soin à domicile sont plus disponibles aux exigences individuelles de leurs clients. D'abord parce que lorsqu'ils interviennent ils ne sont pas chez eux (en institution, les **soignants** parlent de **leur service,** alors qu'à la maison ce sont les **personnes âgées** qui parlent de **leurs maisons**), et surtout parce qu'alors ils sont rétribués par (ou pour) la personne dont ils prennent soin.

Cette dernière remarque devrait être vraie aussi pour les soignants en institutions (financées indirectement par les cotisations sociales et les prix de journée versés par les clients), mais malheureusement ces derniers sont plutôt convaincus d'être pris en charge, et donc de devoir satisfaire en priorité, la direction et le pouvoir administratif.

L'ensemble de ces éléments vont dans le sens d'un plus grand respect et d'une plus sincère reconnaissance sociale des vieux lorsqu'ils continuent à vivre chez eux.

La transgression soignante telle que nous l'avons conceptualisé paraît alors moins impérative pour que celui qui prend-soin puisse être reconnu par ses clients comme être humain au-delà de son rôle de professionnel.

Néanmoins, elle pourra rester utile surtout dans les cas où la personne âgée à domicile se trouve dans une position de totale soumission envers un membre de la famille proche (enfant ou conjoint). Il sera alors question de transgression, non pas envers les règles hypocrites d'un système institutionnel, mais envers le carcan trop rigide mis en place par cette personne.

Perspectives d'avenir

Nous voici maintenant arrivés à un constat amer.

Les deux notions de sexualité et de maltraitance auraient toutes deux des fonctions de trompe-l'œil ou d'écran de fumée; utilisées soi-disant pour honorer le grand âge, elles serviraient pour la première à ramener l'humain à son animalité et pour la seconde à simplifier l'ambiguïté de la prise en charge gérontologique en donnant aux soignants la fonction de « porte-symptôme ».

Dans ce contexte, la seule alternative cohérente qu'aurait le soignant serait d'oser une transgression assez franche pour pouvoir investir la personne âgée et être investi par elle comme être humain, mais assez nuancée pour ne pas faire basculer l'ensemble de la prise en charge gérontologique dans l'anarchie avec toutes les dérives que cela impliquerait.

La première évidence est le choix de maintenir la personne âgée, conformément à son désir, dans son cadre de vie le plus longtemps possible. Sans oublier qu'au-delà d'un certain degré de handicap, parce que les intervenants sont nombreux et communiquent essentiellement à l'insu du client, il existe un risque de reproduire les dérives institutionnelles (dépersonnalisation, désérotisation, abus de pouvoir...)

Par contre, la réalité sociale de la prise en charge des personnes très âgées oblige à reconnaître l'absolue nécessité de l'existence d'un secteur institutionnel. **Ce placement d'extrême fin de vie sera toujours accepté à contrecœur par les clients.** C'est une particularité à prendre en compte dans la structuration de la prise en charge.

Les soignants, tout en étant encadrés avec compétence et bienveillance, doivent pouvoir rester créatifs et adapter leurs comportements à chacun de leur client en fonction de sa personnalité et de la leur. Par conséquent il faut se méfier des tentatives de rationalisation productiviste du prendre-soin mal argumentées par des prétextes économiques !

En effet, si une personne a le sentiment d'être soignée comme un paquet, elle va mettre une énergie considérable à lutter pour exister individuellement, contrecarrant systématiquement toute la prise en charge... et sollicitant d'autant plus de moyens.

La prise en charge gérontologique est affaire d'humanité et ne peut être bien faite que par des personnes libres.

Il est indispensable aussi que plutôt qu'un lieu d'obéissance le service gérontologique reste un **lieu de vie** dans lequel chacun puisse s'exprimer et défendre ses positions. À cet effet les moments de convivialité entre membres du personnel (pauses café) et entre soignants et soignés (pauses café !) ont beaucoup d'importance et méritent une considération particulière.

Enfin, sur le constat que nous venons de faire, on se rend compte que ce dont souffre la prise en charge des plus âgés, c'est de sa spécialisation.

Malheureusement, être un soignant reconnu en gérontologie, c'est plutôt finir par adhérer aux pratiques systématiques de déshumanisation des vieux, que d'avoir un souci particulier de leur liberté et de leur bien être.

La gérontologie de terrain souffre de son isolement et les nombreux modes de prise en charge ont tout intérêt à être associés pour s'enrichir les uns les autres de leurs différences. Et ceci pas seulement sur un mode d'intellectualisation, mais aussi sur un mode pratico-pratique (De tels échanges sont assez fréquents entre penseurs, mais beaucoup moins entre panseurs)..

Par exemple, lorsque l'on observe la qualité de l'implication personnelle de la plupart des auxiliaires de vie indépendantes, on se dit que si elles avaient l'occasion de partager leur approche avec les aides-soignantes des institutions et que, en retour, celles qui « travaillent en blouse » pouvaient transmettre leur savoir pratique en matière d'organisation dans les soins lourds ou particuliers, tout le monde, et en priorité les vieux, en tirerait bénéfice.

De tels échanges (ponctuels, ce qui est différent du changement de service systématique tous les deux ans pour que le personnel ne s'implique pas trop dans la philosophie de soin d'un service !) pourraient aussi se concevoir régulièrement entre services d'EHPAD, de médecine, d'urgence... et aussi pourquoi pas avec d'autres institutions d'hébergement dans le champ du handicap ou de l'enfance.

Enfin, de façon plus générale, nous maintenons notre affirmation sur l'importance du processus transgressif dans l'institution gérontologique, avant tout pour laisser vivre l'établissement en le préservant d'une routine dommageable, mais sans illusion toutefois sur les avancées qu'elle permettrait ;

> « La limite et la transgression se doivent l'une à l'autre la densité de leur être: inexistence d'une limite qui ne pourrait absolument pas être franchie ; vanité en retour d'une transgression qui ne franchirait qu'une limite d'illusion ou d'ombre. Mais la limite a-t-elle une existence véritable en dehors d'un geste qui glorieusement la traverse et la nie ? Que serait-elle, après, et que pouvait-elle être avant ? Et la transgression n'épuise-t-elle pas tout ce qu'elle est dans l'instant où elle franchit la limite, n'étant nulle part ailleurs qu'en ce point du temps ?[165] »

165. Michel Foucault, Préface à la transgression, in *Critique n°195-196*, 1963, p. 760.

Points clés

- *Le projet de l'institution gérontologique s'origine sur une ambiguïté fondatrice. Elle ne répond pas à une demande véritable de l'usager, mais plutôt à une résignation devant l'évidence d'une corporéité trop défaillante. Il prétend pourtant être en mesure de faire « vivre bien » des pensionnaires qui ne rêvent que d'être ailleurs.*

- *Prisonnier de cette donnée structurelle, le soignant doit répondre aux exigences contradictoires d'adhérer au projet institutionnel et d'en être suffisamment distant. Ceci est nécessaire pour que le client, perçoive en lui, au-delà du prestataire de service institutionnel, l'être humain capable d'empathie et de sollicitude.*

- *Comme dans le mythe de Prométhée, il lui faut donc incarner socialement par la transgression le renoncement pulsionnel à la violence de la mise à l'écart des vieux par la société.*

- *Cette position transgressive qui se joue des limites institutionnelles sans les mépriser, est bien entendu peu confortable au regard de l'autorité. Elle est pourtant essentielle au maintien de la créativité des soignants qui doivent être capables de justifier leurs écarts auprès des référents compétents de l'institution et des clients (famille).*

- *L'impérative transgression soignante doit rester mesurée et ne saurait justifier une méconnaissance ou une négligence vis-à-vis des règles de l'art de chacun des métiers du prendre-soin.*

- *Dans les cas de handicap majeur, la frontière entre domicile et institution peut parfois être plus ténue qu'on ne l'imagine ; toutefois dans l'immense majorité des situations, le maintien à domicile met soignants et clients dans une situation plus claire concernant les rôles sociaux des uns et des autres, rendant plus rare l'exigence de transgression.*

- *Pour améliorer le prendre-soin institutionnel des grands vieillards, il serait à l'avenir intéressant de sortir la prise en charge gérontologique de ses spécificités en permettant des échanges réguliers entre différents personnels de terrain qui interviennent dans des modes de prise en charge variés (domicile, handicap...)*

Conclusion

Pour conclure, tentons de faire le point sur ce que nous avons repéré des particularités des enjeux liés à la sexualité dans le cadre de l'institution gérontologique pour mieux comprendre les modalités particulières de l'indispensable transgression soignante.

Dès la prise en charge, il y a nécessité pour le soignant de reconnaître, malgré le contexte institutionnel, que la dynamique d'assignation de genre perdure dans les lieux d'hébergement et qu'en conséquence, au-delà des convenances liées à la sexualité anatomique, il convient de ne pas empêcher le client de jouer avec les multiples composantes de la sexualité psychique.

Les **risques d'annihilation de l'humanité** des vieillards commencent avec une tendance au déni de leur identité sexuelle.

C'est dans le registre du sexual que le soignant va trouver les motivations à sortir du conformisme de la maltraitance instituée.

C'est à ce même niveau, qui renvoie à la sexualité infantile, que la personne âgée va tenter de mettre en tension les enjeux implicites de la relation de soin.

Les risques à cet échelon sont la fécalisation des rapports soignants-soignés, et la sacralisation du pacte dénégatif concernant la dimension sexuelle de la relation de prendre-soin.

C'est en reconnaissant aux vieillards la possibilité et la potentialité d'une intimité aussi bien psychique que corporelle, que le soignant va parvenir à **reconnaître en eux des êtres humains singuliers et désirants.**

Il devra aussi être capable de ne pas refuser qu'il y ait des composantes érotiques dans la relation de soin, sans pour autant y perdre son rôle social.

Il lui sera indispensable de garder un minimum de liberté psychique par rapport à l'équipe au sein de laquelle il intervient, d'avoir un peu de souplesse avec la notion d'interdit et de ne pas être trop manichéen.

Ainsi pris en charge, le vieillard pourra garder le choix de la gestion de sa sexualité, qui n'appartiendra à personne d'autre qu'à lui.

Le concept de maltraitance reste aujourd'hui flou et fluctuant. Il gagne à être articulé avec la question de la sexualité, parce qu'elle est intimement liée à la fois aux notions d'interdit et de liberté, mais aussi parce qu'elle imprègne et sert de trame à l'ensemble des rapports humains.

Au croisement de ces deux notions de maltraitance et de sexualité, se pose la **question du pouvoir institutionnel.**

Il semble qu'une des meilleures façons d'être un soignant suffisamment bon dans le contexte actuel de l'hébergement de longue durée passe impérativement par un minimum de transgression par rapport au contexte de prise en charge.

Transgression partagée avec les clients qui permet de prendre de la distance par rapport aux limites des moyens et discours institutionnels.

Transgression plus personnelle aussi (volonté gérontologique), qui repose sur le choix assumé de chaque professionnel à considérer chacun de ses clients, quel que soit ses troubles et son handicap, comme un **être humain unique, riche d'expériences et de sensibilité.**

Abric Jean-Claude, *Pratiques sociales et représentations*, sous la direction de J-C Abric, PUF, 1994.

Arendt Hannah, *Eichmann à Jérusalem : rapport sur la banalité du mal*, trad. de l'anglais par Anne Guérin, Gallimard, 1991, 1963.

Bas Philippe, *Plan solidarité - grand âge*, 27 juin 2006, (www.personnes-agees.gouv.fr/point_presse/d_presse/plan_solidarite/dossier_de_presse.pdf).

Bas-Theron Françoise, Branchu Christine, *Évaluation du dispositif de lutte contre la maltraitance des personnes âgées et des personnes handicapées mis en oeuvre par les services de l'Etat dans les établissements sociaux et médico-sociaux*, Rapport de l'IGAS n° 2005 179, 2006, (http://lesrapports.ladocumentationfrancaise.fr/BRP/064000352/0000.pdf).

Bataille Georges, *L'érotisme. I: L'érotisme dans l'expérience intérieure*, Éditions de Minuit, 1957.

Baud Jean-Pierre, *Les hôpitaux*, Université Paris X – Nanterre, Cours de Maîtrise : Histoire de l'administration publique (1er semestre de l'année 2005-2006) - IIe partie, titre I, chapitre 2, (http://www.balde.net/formations/admin.cours/admin2.1.2.hopital%20AR.html).

Bergeret Jean, *Psychologie pathologique*, Masson, 1972.

Bianchi Henri, Psychodynamique du vieillissement, in J-M. Leger, J-P. Clément, J. Wertheimer, P*sychiatrie du sujet âgé*, Flammarion, 1999.

Bobin Christian, *La présence pure*, Le temps qu'il fait, 1999.

Boula Jean-Gilles, *Le sens du soin*, 1995, (http://www.gfmer.ch/Presentations_Fr/Sens_soin.htm).

Bourdelais Patrice, *L'âge de la vieillesse*, Odile Jacob, 1993.

Brenot Philippe, Sexologie, in *Dictionnaire de la pensée médicale*, PUF, 2004.

Breton Philippe, *La parole manipulée*, La Découverte, 2000.

Bonnet Gérard, *Défi à la pudeur*, Albin Michel, 2003.

Canguilhem Georges, *Le normal et le pathologique*, PUF, 1943.

Cavey Michel, *Une enquête sur la maltraitance 1 : le questionnaire*, (http://michel.cavey-lemoine.net/article.php3?id_article=14).

Cavey Michel, *Une enquête sur la maltraitance 2 : le cas clinique*, (http://michel.cavey-lemoine.net/article.php3?id_article=15).

Cavey Michel, *Une enquête sur la maltraitance 3 : discussion*, http://michel.cavey-lemoine.net/article.php3?id_article=16).

Colombo Eduardo, Sexualité et érotisme, de la sexualité au phantasme, in *Sexualité infantile et attachement*, PUF, 2000.

Comité national de vigilance contre la maltraitance des personnes âgées, *Une définition plurielle de la maltraitance envers les personnes vulnérables*, (http://rhone-alpes.sante.gouv.fr/social/cdmaltraitance/PDF/definition_plurielle1221.pdf).

Cronin Georöid, *Dictionnaire Anglais-francais. Français-anglais, Harrap's*, 1997.

Cyrulnik Boris, *La naissance du sens*, Hachette, 1995.

Cyrulnik Boris, *Les nourritures affectives*, Odile Jacob, 2000.

Cyrulnik Boris, *Les vilains petits canards*, Odile Jacob, 2001.

Dejours Christophe, *Le corps entre biologie et psychanalyse*, Payot, 1986.

Dejours Christophe, Prescription, transgression et souffrance dans le travail, in *La transgression des règles au travail*, L'Harmattan, 1996.

Dejours Christophe, *Souffrance en France*, Le Seuil, 1998.

Delbrouck Michel, *Le burn-out du soignant*, De Boeck, 2003.

Dibié-Racoupeau Florence, *Dispositifs d'aide aux aidants*, Congrés international : Alzheimer comment aider ?, Lyon, 5 mars 2005.

Ducottet-Grivel Claudie, *Le refus alimentaire chez la personne âgée*, Thèse de psychologie et de psychopathologie clinique, Université Lumière Lyon 2, 2003 (http://demeter.univ-lyon2.fr:8080/sdx/theses/index.shtm).

Dorey Roger, Penser la transgression, in *L'interdit et la transgression*, Dunod, 1993.

Engelhart Hans Tristan, The concept of health and disease, in *Evaluation and explanation in the biomedical science*, H.T. Engelhardt & S.F. Spiker, Reidel, 1975.

Ennuyer Bernard, La question des « personnes âgées », un sujet très « mal traité », in *Vieillards martyrs, vieillards tirelires*, Chène-bourg, Médecine et Hygiène, 1999.

Enriquez Eugène, *L'organisation en analyse*, PUF, 1992.

Enriquez Eugène, Le travail de la mort dans les institutions, in *L'institution et les institutions*, Études psychanalytiques sous la direction de R Kaes, Dunod, 2003, (http://psychiatriinfirmiere.free.fr/infirmiere/formation/-psychologie/psychologie/mort.htm).

Estellon Vincent, Transgression, folie du vivre ?, in *Les transgressions*, Champ Psychosomatique n° 38, L'esprit du temps, 2005.

Fassin Didier, Santé publique, in *Dictionnaire de la pensée médicale*, PUF, 2004.

Ferenczi Sandor, *Thalassa, Psychanalyse des origines de la vie sexuelle*, Petite Bibliothèque Payot, 1923.

Ferrant Alain, *Pulsions et liens d'emprises*, Dunod, 2001.

Foucault Michel, Préface à la transgression, in *Critique n° 195-196*, 1963.

Foucault Michel, *Histoire de la sexualité 1 : la volonté de savoir*, Gallimard, 1976.

Freud Sigmund, *Trois essais sur la théorie de la sexualité*, PUF, 1905.

Freud Sigmund, *Un souvenir d'enfance de Léonard de Vinci*, traduction de l'allemand de Janine Altounian, André et Odile Bourguignon [et al.], Gallimard (1991), 1910.

Freud Sigmund, *Totem et tabou*, Payot (1965 édition française), 1913.

Freud Sigmund, Sur la prise de possession du feu, trad. J. Laplanche et J. Sédat, in *Résultats, idées, problèmes, II*, PUF, ,1985 (trad.), 1932.

Gineste Yves, *La sexualité dans les institutions de soin*, Communication au congrès d'ergothérapie et de médecine physique de La Grande Motte, 2000, (http://www.cec-formation.net/).

Gineste Yves, Marescotti Rosette, La violence en institution pour les personnes âgées, du constat aux solutions ?, in *Silence on frappe*, Collectif sous la direction d'Yves Gineste, Animagine, 2004.

Gineste Yves (dir.), *Silence on frappe*, Animagine, 2004.

Gineste Yves, Pellissier Jérôme, De la distance à la proximité, de la solitude à l'humanitude, in *Revue Santé mentale n° 100*, 2005.

Gineste Yves, Pélissier Jérôme, *Humanitude (comprendre la vieillesse, prendre soin des hommes vieux)*, Armand Colin, 2007.

Gire Pierre, De la philosophie de l'intimité, l'intimité du sujet. in *L'intimité ou la guerre des sexes*, Collectif sous la direction de Georges Eid, L'Harmattan, 2001.

Grubich-Simitis Ilse, Trauma ou pulsion – pulsion ou trauma, in *Sur la théorie de la séduction*, In Press, 2003.

Guillebaud Jean-Claude, *Le principe d'humanité*, Le Seuil, 2001.

Hesbeen Walter, *Prendre soin à l'hôpital. Inscrire le soin infirmier dans une perspective soignante*, Masson, 1997.

INSEE, *Femmes et hommes : regards sur la parité*, Insee, collection référence, 2004.

Jauffrey-Roustide Marie, Dépendance, in *Dictionnaire de la pensée médicale*, PUF, 2004.

Kaes René, *Le groupe et le sujet du groupe*, Dunod, 1993.

Lacan Jacques, *Écrits*, Le Seuil, 1966.

Laforestrie René, *Aimer jusqu'au bout de la vie*, Hommes et perspectives, 1992.

Laplanche Jean, Pontalis Jean-Bernard, *Vocabulaire de la psychanalyse*, PUF, 1967.

Laplanche Jean, *Problématiques 2 : castration-symbolisations*, PUF, 1980.

Laplanche Jean, *Problématiques 3 : la sublimation*, PUF, 1980.

Laplanche Jean, *Nouveaux fondements pour la psychanalyse*, PUF, 1987.

Laplanche Jean, *Le fourvoiement biologisant de la sexualité chez Freud*, Les Empêcheurs de penser en rond, 1993.

Laplanche Jean, Sexualité et attachement dans la métapsychologie, in *Sexualité infantile et attachement*, PUF, 2000.

Laplanche Jean, Le genre, le sexe, le sexual, in *Sur la théorie de la séduction*, In Press, 2003.

Le Breton David, *Anthropologie du corps et modernité*, PUF, 1990.

Lefebvre Alex, D'une transgression, l'autre, in *Cahier de psychologie clinique n° 5*, De Boek-Larcier, 1995.

Lépine Nicolas, Signification de la marche des personnes âgées dans un établissement de gériatrie, in *Kinésithérapie scientifique n° 381*, SPEK, 1998.

Lépine Nicolas, *Abord psychologique de la rétropulsion à début brutal chez la personne âgée*, Thèse de psychologie et de psychopathologie clinique, Université Lumière Lyon 2, (http://demeter.univ-lyon2.fr:8080/sdx/theses/index.shtm).

Lépine Nicolas, Bientraitance, maltraitance, de quoi traite-t-on ?, in *Silence on frappe*, Collectif sous la direction d'Yves Gineste, Animagine, 2004.

Lépine Nicolas, Le grand âge, paradigme de la question psychosomatique, in *Neurologie, Psychiatrie, Gérontologie, n° 30*, Masson, 2005.

Levi-Strauss Claude, *Les structures élémentaires de la parenté*, Mouton, 1967.

Masters William, Johnson Virginia, *Les réactions sexuelles*, Robert Laffont, 1977.

Maisondieu Jean, *Le crépuscule de la raison*, Bayard, 1989.

Morel-Vulliez Pascale, *Prendre soin c'est* (http://perso.orange.fr/cec-formation.net/toilettesinfirmieres.html).

Moulias Robert, Beck Hervé, Peut-on définir la bientraitance ?, in *Gérontologie n° 138*, Les Amis de la revue Gérontologie, 2006.

Payen Françoise, De la psychologie de l'intimité, in *L'intimité ou la guerre des sexes,* Collectif sous la direction de Georges Eid, L'harmattan, 2001.

Pélissier Jérôme, *La nuit, tous les vieux sont gris*, Daniel Radford, 2003.

Petrella Fausto, Sublimation : travail d'une métaphore freudienne, in *Revue Française de Psychanalyse n° 4 tome LXII*, PUF, 1998.

Ploton Louis, *La personne âgée*, Chronique sociale, 1991, 6e éd. 2003.

Ploton Louis, Gaucher Jacques, Talpin Jean-Marc, De Saussure Christian, Blanchard François, La provocation masochiste de la part des personnes âgées dépendantes, in *Vieillards martyrs, vieillards tirelire*, Collectif sous la direction de C. De Saussure, Chêne bourg, Médecine et hygiène, 1999.

Pouzadoux Claude, Mansot Frederik, *Contes et légendes de la mythologie grecque*, Nathan, 1994.

Quinodoz Danièle, Le travail de vieillir, in *L'information psychiatrique N 4, volume 70-4*, 1994.

Quiquandon Angélique, *Intimité et sexualité de la personne âgée en institution*, Mémoire de 2e année du DU de Sexualité humaine 2003-2004, Université Claude Bernard Lyon 1, Non publié.

Rey Alain, *Dictionnaire historique de la langue française*, Le Robert, 1992.

Richard Dominique, Sexualité et affectivité en « long séjour » : une enquête à Dijon, in *Gérontologie et société, n° 56*, FNG, 1991.

Rajablat Marie, La toilette : un savoir-faire et un savoir-être, (http://www.serpsy.org/piste_recherche/mediations/corps.html).

Ricoeur Paul, *Soi-même comme un autre*, Le seuil, 1998.

Robert Marthe, *La révolution psychanalytique*, Payot, 1964.

Ruffié Jacques, *Le sexe et la mort*, Odile Jacob, 1986.

Scarfone Dominique, Sexuel et actuel, in *Sexualité infantile et attachement*, PUF, 2000.

Sicard Didier, *Prendre soin*, (http://www.buddhaline.net/article.php3?id_article=836).

Talpin Jean-Marc, Hugonnet Catherine, Ploton Louis, Gaucher Jacques, Narcissisme et sexualité chez les personnes âgées, in *Gérontologie et société n° 82*, 1997.

Tarot Jean-Philippe © Senioractu.com 2004, « 09/12/2004 » *Australie - Visites galantes pour les seniors dans les maisons de retraite.*

Tomkiewicz Stanislaw, Vivet Pascal, *Aimer mal, châtier bien*, Le Seuil, 1991.

Watzlawick Paul [et al.], *Une logique de la communication*, Le Seuil. 1972.

Waynberg Jacques, Vieillir, sans cesser de jouir ? Des idées reçues à l'ingérence du pouvoir médical, in *Neurologie-Psychiatrie-Gériatrie n° 31/ Année 6/ février 2006*, Masson, 2006.

Welzer-Lang Daniel, Mathieu Lilian, Faure Michaël, *Sexualités et violences en prison, Ces abus qu'on dit sexuels*, Aléas, 1996.

Widlöcher Daniel, Amour primaire et sexualité infantile : un débat de toujours, in *Sexualité infantile et attachement*, PUF, 2000.

Woods Winnicott Donald, *De la pédiatrie à la psychanalyse*, Payot, 1958.

Chez le même éditeur

224 p. L'essentiel

À l'écoute des mots de la démence

Expression d'une crise existencielle - Isabelle Vendeuvre-Bauters

La maladie d'Alzheimer concerne directement ou indirectement de plus en plus de personnes. Les symptômes qui la caractérisent - perte de la mémoire et du langage, modifications du comportement, effacement de la personnalité antérieure - cristallisent des **questionnements sur la difficulté d'exister** dans le monde.

Parler avec ces personnes, écouter ce qui ne sera que parcimonieusement livré, c'est recevoir l'expression d'un vécu douloureux, d'un questionnement obsédant sur les raisons de leur existence et sur le sens de toute destinée humaine. À travers les balbutiements, les "balourdises" comme ils s'en excusent parfois, s'échappent des mots et des phrases qui attirent l'attention.

En effet, malgré les perturbations du langage et de la communication, les propos tenus évoquent les préoccupations d'hommes et de femmes parvenus à la dernière étape de leur existence. L'inutilité de leur vie leur fait regretter les années de labeur, l'absence de leurs enfants ou de leurs parents les font pleurer sur l'abandon dont ils sont l'objet. Les souvenirs d'enfance sont davantage présents que la trace d'événements récents. Le temps du vieillir devient un temps d'expérience de renoncements successifs et de retour aux origines.

L'écoute attentive de ces malades met en évidence l'étrangeté et la poésie de certains messages. De ce fait, accompagner une personne souffrant de démence est de l'ordre d'une **expérience du sentir** et de **l'ajustement à l'autre**.

Cet ouvrage propose un parcours pour entrer dans l'univers de ces personnes afin d'établir une rencontre vraie et favoriser un ultime accompagnement.

160 p. Synthèse

L'impact familial de la maladie d'Alzheimer

Comprendre pour accompagner - Thierry Darnaud

La maladie d'Alzheimer et les maladies associées ne concernent pas seulement la personne qui en souffre. Les troubles du comportement induits par ces pathologies entraînent toujours des réactions au sein de la famille. Si le réaménagement des rôles et des fonctions de chacun de ses membres pour aider le malade et pallier ses défaillances se fait naturellement, cela n'empêchera pas la famille de traverser des périodes de crises douloureuses.

Cet ouvrage propose un éclairage permettant de **comprendre les bouleversements** que va vivre la famille. En s'appuyant sur un modèle simple et non dogmatique, l'auteur décrit et analyse les étapes que vont franchir les membres de la famille au cours de l'évolution de la maladie.

Tiré d'un travail de recherche en psychologie, cet ouvrage fait aussi le point sur les **connaissances actuelles de la maladie** sous différents éclairages (sociologie, psychologie, médecine).

L'aidant principal d'un malade ou le professionnel du champ de la gérontologie trouvera dans cet ouvrage des éléments lui permettant de **prendre du recul** sur son quotidien. Il pourra ainsi **mettre du sens** dans ces moments où l'accélération de l'enchaînement des événements empêche de penser.

Le lecteur étudiant ou encore profane intéressé trouvera quant à lui des éléments pour nourrir sa réflexion sur la question.

www.chroniquesociale.com